「社会福祉充実計画」の作成ガイド

計画を成功に導く事業経営のポイント

平安監査法人【編】

西川 吉典／森 智幸／長谷川 真也【著】
Yoshinori Nishikawa　Tomoyuki Mori　Shinya Hasegawa

中央経済社

はじめに

　平成28年11月11日に改正社会福祉法の政省令が発出され，それを受けて，平成28年11月28日に厚生労働省による「社会福祉法人制度改革の施行に向けた全国担当者説明会」が東京で開催されました。私も参加してきたのですが，いよいよ，社会福祉法人経営の分かれ道が目の前にきたな，と感じました。

　今回の社会福祉法の改正は，社会福祉法人とその経営者の皆さまにとって，不合理なマイナスの影響となるかもしれません。しかし，一方でこれをプラスに，チャンスにしようとされている経営者の方も，私の周りにはたくさんおられます。今回の改正をマイナスとするか，プラスとするかの差は大きく，目の前の分かれ道をどちらに進むのか，第一歩目の判断に迫られている，というのは過言でしょうか？

　本文中でも記載しましたが，中長期経営計画や管理会計を整備せずに，社会福祉充実計画を作成し，事業経営を続けることは，「航海図（中長期経営計画）や羅針盤（管理会計）を持たずに，荒波の海（外部環境）に出航するようなもの」と思います。これからの船長には，遠くの目的地を見据える鳥の目と，細部にこだわるアリの目が，そして正しく目的地を定め，クルーを引っ張っていくリーダーシップが必要です。社会福祉法人には，その舵をとる仕組みであるガバナンスの整備と，信頼できるクルーを育成・教育する仕組みが必要です。一方，クルーにも船長を支えるフォロワーシップと目的意識が必要です。

　我々平安監査法人と総合経営グループは，船長とクルーの皆さまの側で，アドバイスし，間違いがあればそれをお伝えする，信頼できる伴走者・参謀のような専門家集団でありたいと思っております。本書の前半（1章～

3章)では社会福祉充実計画について,後半(4章)では事業経営について,これからの社会福祉法人と経営者の皆さまに必要になるであろう情報を記載したつもりです。前半だけでも,後半だけでも執筆することはできましたが,両方を一冊の書籍にすることに,強くこだわりました。

本書が,皆さまの航海のお役に立つことを願っております。

平成29年2月2日

平安監査法人
CEO　代表社員
公認会計士・税理士
西川　吉典

目　次

はじめに

第1章
新社会福祉法成立後の厚生労働省の動き

第1節　新法成立における概要 …………………………………………… *2*
第2節　厚生労働省の動き ………………………………………………… *3*
第3節　Q&Aの読み方 …………………………………………………… *9*

第2章
社会福祉法人制度改革の背景

第1節　経営管理の強化とイコール・フッティング …………………… *14*
第2節　経営者不正 ………………………………………………………… *18*

第3章
社会福祉充実計画

第1節　社会福祉充実計画の意義 ………………………………………… *22*
第2節　社会福祉充実残額とは …………………………………………… *27*
第3節　社会福祉充実残額の算出方法 …………………………………… *30*
　　　Column　社会福祉法と事務処理基準の計算式の違い ………… *36*
第4節　控除対象財産の算定 ……………………………………………… *37*
　　　Column　自己金融効果とは ……………………………………… *70*
　　　Column　必要な運転資金の範囲が決まるまで ………………… *71*

第5節　社会福祉充実残額の活用法 …… 72
　Column　「職員の処遇の改善を含む人材への投資」が意味するところ ‥ 83
第6節　社会福祉充実計画の作成 …… 85
　Column　社会福祉充実計画が原則5か年度以内となった理由 ……… 101
第7節　月次決算の実施 …… 103
第8節　公認会計士・税理士等への意見聴取 …… 107
第9節　理事会及び評議員会の承認 …… 114
　Column　評議員会議事録の署名や押印が間に合わなかったら？ …… 117
第10節　所轄庁への承認申請 …… 119

第4章
事業経営のポイント

第1節　中長期経営計画の策定 …… 134
　1　社会福祉充実計画と中長期経営計画 …… 134
　2　中長期経営計画の策定方法 …… 137
　3　経営理念の必要性 …… 148
　4　段階的な会計監査人設置基準に対応するために …… 150
　5　法定監査と任意監査 …… 154
　　Column　特定目的の監査 …… 159
第2節　外部環境の変化への対応 …… 160
　1　介護報酬の改定 …… 160
　　Column　基本報酬が減額されるなかでのアクションプラン（短期的な対策） …… 162
　　Column　地域包括ケアシステムからのヒント …… 163
　　Column　2018年改定で起きるパラダイムシフト「自立支援介護」… 163
　2　待機者の減少 …… 164
　　Column　地域トップを目指すためのランチェスター戦略 …… 164

3　人材不足への対応 ………………………………………………………… *166*
　　　　Column　星野リゾートのスタッフが向き合う「真実の瞬間」………… *168*
　　4　中長期的な変化に対応するために ……………………………………… *168*
　　　　Column　保険外サービスへの取組み（サービス内容の差別化）……… *169*
　　　　Column　社会福祉法人のM＆Aと連携 ………………………………… *171*
　　　　Column　保育所の外部環境 ……………………………………………… *172*
第3節　内部環境の整備・強化 ………………………………………………… *174*
　　1　社会福祉法人とガバナンス …………………………………………… *174*
　　　　Column　理事，評議員の任期の比較 ……………………………………… *176*
　　　　Column　理事の報酬等の額の決定 …………………………………… *177*
　　　　Column　内部統制とは何ですか？ ……………………………………… *178*
　　　　Column　ガバナンスの土台は経営理念 ……………………………… *179*
　　　　Column　経営理念，人事評価，分配までの太い串を通す ……………… *179*
　　　　Column　キャリアパス要件Ⅲ ……………………………………………… *181*
　　2　管理会計・KPIの整備 ………………………………………………… *181*
　　3　後継者教育 ……………………………………………………………… *183*
参考文献 ……………………………………………………………………………… *189*
あとがき ……………………………………………………………………………… *190*

―― **本書で使用する法律と略称** ――

・社会福祉法…「法」
・社会福祉法施行令…「施行令」
・社会福祉法施行規則…「施行規則」
・社会福祉充実計画の承認等に係る事務処理基準…「事務処理基準」
・一般社団法人及び一般財団法人に関する法律…「一般法」
・公益社団法人及び公益財団法人の認定等に関する法律…「認定法」
・一般社団法人及び一般財団法人に関する法律及び公益社団法人及び公益財団法人の認定等に関する法律の施行に伴う関係法律の整備等に関する法律…「整備法」
・一般社団法人及び一般財団法人に関する法律及び公益社団法人及び公益財団法人の認定等に関する法律の施行に伴う関係法律の整備等に関する法律施行規則…「認定法施行規則」

第1章 新社会福祉法成立後の厚生労働省の動き

第1節　新法成立における概要

　平成28年3月31日に社会福祉法等の一部を改正する法律が国会で成立し，一部を除いて，新しい社会福祉法が平成29年4月1日より施行されることになりました。

　今回，改正された社会福祉法（以下，「新社会福祉法」といいます。）は，（1）公益性・非営利性の徹底，（2）国民に対する説明責任，（3）地域社会への貢献を基本的な視点として（第14回厚生労働省社会保障審議会福祉部会報告書より），先に行われた公益法人改革を参考に，社会福祉法第24条に定める，社会福祉事業の主たる担い手としてふさわしい事業を確実，効果的かつ適正に行うことのより一層の達成を目的とするものです。

　そして，この新社会福祉法の成立後，平成28年11月11日に新社会福祉法に基づいた社会福祉法施行令，社会福祉法施行規則が公布されました。また，同日に改正された社会福祉法人審査基準なども関係通知として発出されました。

　さらに，新社会福祉法成立後も，引き続き，厚生労働省では，数回にわたって，社会保障審議会福祉部会や社会福祉法人の財務規律の向上に係る検討会が開催されてきました。

　特に，新社会福祉法成立後の，厚生労働省の審議会や検討会で行われた議論は，社会福祉法施行令，社会福祉法施行規則，関係通知の内容に大きな影響を与えています。

　そこで，第1章では，新社会福祉法成立後の厚生労働省の動きを確認していきたいと思います。

第2節 厚生労働省の動き

　以下の図は，新社会福祉法成立後の厚生労働省の動きを図にしたものです。

【図表1-01】新法成立後の厚生労働省の動き～その1

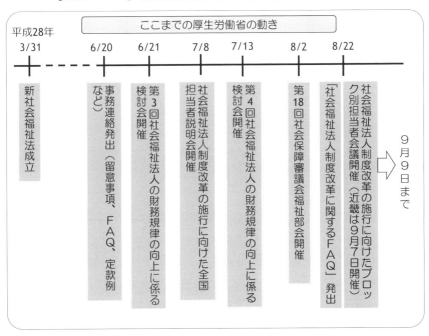

【図表1-02】新法成立後の厚生労働省の動き～その2

平成28年 3/31	新社会福祉法成立
9/26	第19回社会保障審議会福祉部会開催
10/21	第5回社会福祉法人の財務規律の向上に係る検討会開催
11月11日	新政省令公布
（11月中）	関係通知発出（定款例、審査基準など）
11月28日	社会福祉法人制度改革の施行に向けた全国担当者説明会（政省令等の詳細について）
平成29年 1月24日	社会福祉充実計画の承認等に係る事務処理基準など発出

（※9/26～11/28は「ここまでの厚生労働省の動き」）

　もともと，新社会福祉法は第189回国会（平成27年9月27日閉会）で成立する予定でした。しかしながら，当時の国会では，安全保障関連法案の議論につき，与党と野党が激しく対立したため，国会はこの安全保障関連法案の議論にほとんどの時間を費やす結果となってしまいました。そのため，新社会福祉法は，平成27年9月25日，参議院で継続審査となりました。

　その後開催された第190回の国会で，新社会福祉法案が衆議院を通過し，ようやく新社会福祉法が成立しました。この成立日が，平成28年3月31日です。

　そして，この成立日後の，平成28年6月頃には，改正後の社会福祉法施行令，社会福祉法施行規則が公布されるのでは，といわれていましたが，この時期には社会福祉法施行令及び社会福祉法施行規則は公布されません

しかしながら、一方で、厚生労働省社会・援護局福祉基盤課は平成28年6月20日、「事務連絡」として「社会福祉法人制度改革の施行に向けた留意事項について（経営組織の見直しについて）」、「「社会福祉法人制度改革の施行に向けた留意事項について」に関するFAQについて」、「社会福祉法人制度改革における社会福祉法人定款例（案）について」といった重要性の高い文書を、各都道府県、指定都市、中核市の社会福祉法人担当課（室）に発出しました。これらは事務連絡であり、一般の国民に向けたものではありませんでしたが、一部の地方自治体はこれらの文書をサイトに掲載しており、また全国社会福祉法人経営者協議会の会員である社会福祉法人には、全国社会福祉法人経営者協議会よりその文書が送付されましたので、社会福祉法人にもその情報が徐々に浸透していきました。

　その後、第18回及び第19回社会保障審議会福祉部会や第4回及び第5回社会福祉法人の財務規律の向上に係る検討会が開催されました。これらの審議会及び検討会では主に社会福祉充実計画に関する事項が検討されました。また、第19回社会保障審議会福祉部会では新しい社会福祉法施行令及び社会福祉法施行規則の案が示されました。

　そして、平成28年11月11日に、改正された社会福祉法施行令及び社会福祉法施行規則が公布されました。また、同日に関係通知と事務連絡も発出されました。

　さらに、社会福祉充実計画に関連する事項では、平成29年1月24日に、「社会福祉充実計画の承認等に係る事務処理基準」が局長通知として発出され、自己資金比率や建設単価等上昇率といった関連係数も課長通知で発出されました。

　このように、新社会福祉法成立後、厚生労働省の審議会及び検討会の開催、関係通知の発出などが行われ、現在に至っています。

【図表1-03】新社会福祉法公布以降，開催された審議会及び公布・発出された文書等

年月日	内容	公布・発出された文書等
平成28年6月20日	事務連絡発出	・社会福祉法人制度改革の施行に向けた留意事項について（経営組織の見直しについて） ・「社会福祉法人制度改革の施行に向けた留意事項について」に関するFAQについて ・社会福祉法人における評議員の選任及び解任方法について ・社会福祉法人における評議員の員数の経過措置に係る一定の事業規模について ・社会福祉法人制度改革における理事等の解任について ・社会福祉法人制度改革における社会福祉法人定款例（案）について
6月21日	第3回社会福祉法人の財務規律の向上に係る検討会の開催	
7月8日	社会福祉法人制度改革の施行に向けた全国担当者説明会の開催	
7月13日	第4回社会福祉法人の財務規律の向上に係る検討会の開催	
8月2日	第18回社会保障審議会福祉部会の開催	

8月22日	社会福祉法人制度改革の施行に向けたブロック別担当者会議開催（平成28年9月22日まで）	・社会福祉法人制度改革に関するFAQ
9月26日	第19回社会保障審議会福祉部会の開催	
10月21日	第5回社会福祉法人の財務規律の向上に係る検討会の開催	
11月11日	社会福祉法施行令，社会福祉法施行規則公布	・社会福祉法施行令 ・社会福祉法施行規則
11月11日	関係通知発出	・社会福祉法等の一部を改正する法律の施行に伴う関係政令の整備等及び経過措置に関する政令等の公布について ・「社会福祉法人の認可について」の一部改正について（社会福祉法人審査基準，社会福祉法人定款例） ・「社会福祉法人の認可について」の一部改正について（社会福祉法人審査要領） ・「社会福祉事業団等の設立及び運営の基準について」の一部改正について ・「社会福祉法人会計基準の制定に伴う会計処理等に関する運用上の取扱いについて」の一部改正について ・「社会福祉法人会計基準の制定に伴う会計処理等に関する運用上の留意事項について」の一部改正について

11月11日	事務連絡発出	・「社会福祉法人制度改革の施行に向けた留意事項について（経営組織の見直しについて）」の改訂について ・「「社会福祉法人制度改革の施行に向けた留意事項について」に関するFAQ」の改訂について ・社会福祉法人制度改革の施行に伴う定款変更に係る事務の取扱いについて ・社会福祉充実計画の承認等に係る事務処理基準（案）について
平成29年 1月24日	局長通知，課長通知発出	・社会福祉法第55条の2の規定に基づく社会福祉充実計画の承認等について ・【参考】社会福祉充実計画の承認等に係る事務処理基準（平成28年12月14日時点版からの主な変更点） ・【参考】社会福祉充実計画の承認等に係る各種様式（Wordファイル） ・「社会福祉充実計画の承認等に係る事務処理基準」に基づく別に定める単価等について ・【参考】社会福祉充実残額算定シート（案）（1月24日時点版）［Excel版］［46KB］ ・【参考】社会福祉充実残額算定シート（案）（1月24日時点版）［PDF版］［122KB］ ・「【参考】社会福祉充実残額算定シート（案）」記載要領（1月24日時点版）
1月24日	事務連絡発出	・社会福祉法人制度改革に伴う租税特別措置法第40条の適用に関するQ&Aについて

第3節　Q&Aの読み方

1．Q&Aの意義

　今回の社会福祉制度改革においては，新社会福祉法公布後，平成28年6月20日と同年8月22日の2回にわたり事務連絡としてFAQが発出されました。なお，FAQとはFrequently Asked Questions の頭文字をとったもので，日本語では「よくある質問と回答」と呼ばれる質問及び回答集です。

　このFAQのうち社会福祉充実計画を除く部分については，同年11月11日に発出された事務連絡において，この2回分のFAQを統合した「「社会福祉法人制度改革の施行に向けた留意事項について」等に関するQ&A」という名称に変わりました。FAQとQ&Aは名称が変わっただけで，仕組みが変わったわけではありません。

　ここで，平成28年11月11日に発出されたQ&Aより，例として「問7」をみてみます。

問7　評議員選任・解任委員会に理事は出席できるのか。
（答）
1．理事又は理事会が評議員を選任する旨の定款の定めは無効（法第31条第5項）とする法の趣旨から，理事が評議員選任・解任委員会の議決に加わることは認められず，議事に影響を及ぼすことは適当でない。
2．他方，評議員選任候補者等の提案は理事会の決定に従い，理事が行うことが通常と考えられることから，その提案の説明・質疑対応のために理事が出席することは可能である。

　ここでは「問7」として，質問が記載されています。この部分が「よくある質問」に相当します。質問の内容は，例えば，社会保障審議会福祉部

会や社会福祉法人の財務規律の向上に係る検討会で委員から出た質問や，実務で想定される質問などがベースとなっていると考えられます。

これに対して，（答）として，厚生労働省が回答を記載しています。この部分が「よくある質問」に対する「回答」です。

なお，このQ&Aは法令ではありませんので，Q&Aの回答は法令の制限を受けません。従って，Q&Aの回答に従わなければ法令違反になるものではありません。すなわち，絶対的な回答ではないということです。

しかし，このQ&Aは，厚生労働省の見解を示したものであり，法令上の根拠は必ずしもありませんが，この回答に従うほうが無難と考えられます。

２．FAQ及びQ&Aの発出経緯

厚生労働省社会・援護局福祉基盤課は，平成28年6月20日に「「社会福祉法人制度改革の施行に向けた留意事項について」に関するFAQについて」を事務連絡として発出しました。

続いて，同年8月22日には，社会福祉法人制度改革の施行に向けたブロック別担当者会議の資料として「社会福祉法人制度改革に関するFAQ（社会福祉法人制度改革の施行に向けたブロック別担当者会議）」を発出しました。

さらに，同年11月11日には，厚生労働省社会・援護局福祉基盤課「「社会福祉法人制度改革の施行に向けた留意事項について」に関するFAQ」の改訂について」を発出し，「「社会福祉法人制度改革の施行に向けた留意事項について」等に関するQ&A」としました。

なお，この改訂版は主に，機関運営に関するFAQについて，同年6月20日に発出されたFAQと同年8月22日に発出されたFAQについて一部修正を行い，さらにこの2つのFAQをひとまとめにしたものです。

3．厚生労働省のQ&Aの特徴

　このFAQは，先に行われた公益法人改革においても，内閣府が発出していました。この公益法人改革に関する内閣府のFAQと厚生労働省のQ&Aを比較すると，今回の社会福祉法人制度改革に関する厚生労働省のQ&Aにはいくつかの特徴があります。

　以下の表はその特徴を内閣府と厚生労働省とで比較したものです。

【図表1-04】内閣府のFAQと厚生労働省のQ&Aの相違

	内閣府のFAQ	厚生労働省のQ&A
文体	ですます調。	である調。
文章の長さ	比較的長く，詳細な回答。	文章は短く，簡潔な回答。
想定している読み手	公益法人の実務担当者を想定していると推測される。	都道府県，指定都市，中核市の社会福祉法人担当者を想定していると推測される。
ディスクローズの手段	内閣府・公益法人インフォメーション	厚生労働省社会・援護局福祉基盤課による事務連絡など

　ここから推測される厚生労働省のQ&Aの特徴は，厚生労働省のQ&Aは都道府県をはじめとした所轄庁の社会福祉法人担当者向けに書かれたものであり，今後の社会福祉法人からの問い合わせに対する回答や指導監査において，見解の相違が出ないよう統一を図ったものと見ることができます。すなわち，厚生労働省のQ&Aは所轄庁向けに発出されたものであり，必ずしも社会福祉法人担当者向けに書かれたものではないといえます。これは，事務連絡という形で発出されていることからもわかります。

　なお，平成28年11月28日に開催された「社会福祉法人制度改革の施行に向けた全国担当者説明会」では，これまで所轄庁の指導が地域により異なる規制や必要以上に厳しい規制（ローカルルール）が存在しているため，

ローカルルールを是正するために指導監督を見直すことが公表されました。

　このQ&Aは，厚生労働省が発出した後，各都道府県，指定都市，中核市における社会福祉法人実務担当者向けの説明会でも使用されることが多いですが，このような説明会を通じて社会福祉法人の実務担当者に伝わっていくという形になっています。もちろん，実際には，このような関係通知，事務連絡が発出された場合，全国社会福祉法人経営者協議会や顧問の公認会計士，税理士等から伝達される社会福祉法人も多いですが，厚生労働省が社会福祉法人に対して直接，伝達しているのではないことは明らかです。

　このような特徴を踏まえると，厚生労働省のQ&Aは，法令ではありませんが厚生労働省の見解を明らかにしたものであり，指導監査の指針となるものと推測されますので，絶対的な拘束力はありませんが，この回答に従っておくほうが無難といえます。

第2章
社会福祉法人制度改革の背景

第1節 経営管理の強化とイコール・フッティング

1. 経営管理の強化

　社会福祉法は，先に行われた公益法人改革を参考として，経営組織のガバナンスの強化，事業運営の透明性の向上，財務規律の強化などを目的として改正されました。

　もともと，社会福祉法人が提供する福祉サービスは行政の委託による，いわゆる措置制度によって行われてきました。しかし，国民の税金を財源として行われていた措置制度は，我が国の財政の悪化により，その財源を確保することが難しくなりました。また，高齢化社会を迎えて，介護保険制度など利用者のニーズに応じた多様な福祉サービスが要求されるようになりました。このような，社会情勢の変化を背景として，措置制度は利用者による契約へと変化してきました。すなわち，国家による社会福祉サービスの提供から，社会福祉サービスを利用したい人がそのニーズに応じて選べる時代へと変化したのです。

　そして，このような時代変化に伴い，特に介護保険制度のスタート以後，在宅サービスの分野では，社会福祉法人に加えて株式会社等が参入し，さまざまな経営主体が活動するに至りました。

　このように，株式会社といった営利法人が参入する中，非営利法人である社会福祉法人は，税制面や補助金の授受などの面において優遇措置を享受することができます。そこで，このような優遇措置を受けることができる社会福祉法人は，その前提として，適切なガバナンスの運営と経営管理の強化が求められるようになりました。理由の1つとしては，社会福祉法

人が受ける補助金は，我々国民の税金や保険料が財源となっていますが，適切なガバナンス運営の下で，適切に補助金が使用されないと，税金や保険料の無駄遣いとなってしまうからです。すなわち，社会福祉法人は，国民というステークホルダーに対して，受託責任（アカウンタビリティ）を果たす必要があります。

具体的には，適切な財務諸表の情報開示，内部留保の明確化，適切な機関運営が社会福祉法人に求められることになります。

2．イコール・フッティング

社会福祉事業のうち，介護・保育分野は株式会社等の参入が可能です。しかし，株式会社等は特別養護老人ホームの運営等は行うことはできません。

また，社会福祉法人は税制面での優遇や補助金制度があります。

税制面での優遇については，例えば，社会福祉法人は，法人税法上の収益事業（法人税法2条十三）を行っていない場合，法人税，住民税及び事業税（以下，法人税等）の納税義務がありません（法人税法4条①）。

また，消費税及び地方消費税（以下，消費税等）についても，事業者のうち，その課税期間に係る基準期間における課税売上高が1,000万円以下である者については，その課税期間中に国内において行った課税資産の譲渡等及び特定課税仕入れにつき，消費税を納める義務が免除されます（消費税法9条①）。社会福祉法人は非課税取引が多く，この納税義務の免除の適用を受ける法人が株式会社と比べると多い傾向にあります。

補助金についても，社会福祉法人は株式会社等と比較して，地方自治体から授受しやすい立場にあります。

このように，経営主体間で，経営の条件が異なることから，社会福祉法人とそれ以外の株式会社等においてその異なる条件を見直していこうという，いわゆるイコール・フッティングの実施が望まれるようになってきま

した。

3．社会福祉法人改革の主な論点

　以上，社会福祉法人の経営管理の強化とイコール・フッティングについて述べてきましたが，これらを背景として，今回の社会福祉法人改革では，主に以下の制度が導入されました。

【図表2-01】　新制度で導入された主な制度

経営組織のガバナンスの強化	・議決機関としての評議員会を必置 ・役員・理事会・評議員会の権限・責任に係る規定の整備 ・親族等特殊関係者の理事等への選任の制限に係る規定の整備 ・一定規模以上の法人への会計監査人の導入等
事業運営の透明性の向上	・閲覧対象書類の拡大と閲覧請求者の国民一般への拡大 ・財務諸表，現況報告書（役員報酬総額，役員等関係者との取引内容を含む。），役員報酬基準の公表に係る規定の整備等
財務規律の強化	①　役員報酬基準の作成と公表，役員等関係者への特別の利益供与を禁止等 ②　純資産から事業継続に必要な財産（※）の額を控除し，福祉サービスに再投下可能な財産額（「社会福祉充実残額」）を明確化 　※①事業に活用する土地，建物等②建物の建替，修繕に必要な資金③必要な運転資金④基本金，国庫補助等特別積立金 ③　再投下可能な財産額がある社会福祉法人に対して，社会福祉事業又は公益事業の新規実施・拡充に係る計画の作成を義務付け（①社会福祉事業，②地域公益事業，③その他公益事業の順に検討）等
地域における公益的な取組を実施する責務	社会福祉事業又は公益事業を行うに当たり，日常生活又は社会生活上支援を要する者に対する無料又は低額の料金で福祉サービスを提供することを責務として規定 ※利用者負担の軽減，無料又は低額による高齢者の生活支援等

行政の関与の在り方	○ 都道府県の役割として，市による指導監督の支援を位置付け ○ 経営改善や法令遵守について，柔軟に指導監督する仕組み（勧告等）に関する規定を整備 ○ 都道府県による財務諸表等の収集・分析・活用，国による全国的なデータベースの整備等

(厚生労働省社会・援護局福祉基盤課「社会福祉法人制度改革の施行に向けた全国担当者説明会資料」より)

第2節 経営者不正

　第1節では，経営管理の強化とイコール・フッティングについて述べました。

　しかし，社会福祉法人制度改革の背景には，これら以外にも社会福祉法人の経営者不正が発生していることがあると思われます。（なお，ここでは，「不正」とは，財務諸表の重要な虚偽表示の原因となる不正のみならず，広い意味での不正とします。）

　社会福祉法人の理事による経営者不正は，ごく一部の社会福祉法人ではありますが，これまでも時折発覚してきました。経営者不正は株式会社でも生じるものですが，社会福祉法人の場合，不正が発覚すると，とりわけ新聞，テレビ等で大きく取り上げられます。これは，社会福祉法人は，先に述べた税制面での優遇や補助金という形で国民の税金や保険料が入っているため，私腹を肥やすような不正が発覚すると，株式会社と比べて国民感情を刺激するからだと推測されます。

　例えば，平成27年8月11日付の産経新聞（Web版）では「【衝撃事件の核心】弁護士「変死」，不明金・裏金2億円……「創業家が食い物」社会福祉法人は"疑惑のデパート"か」というタイトルで，ある社会福祉法人の不透明な土地取引に係る事件を取り上げています。

　このような社会福祉法人は，ごく一部の社会福祉法人であるにもかかわらず，タイトルだけを見ると，あたかもすべての社会福祉法人が何らかの疑惑を持っているように誤解を招いてしまいます。

　とはいえ，社会福祉法人は，税制面での優遇や補助金を授受できる立場

にあるため，経営者不正や従業員不正が発生しないよう，適切なガバナンス運営や適正な財務諸表の開示を行っていく必要があります。

第3章 社会福祉充実計画

第1節 社会福祉充実計画の意義

1. 社会福祉充実計画とは

　社会福祉充実計画とは，社会福祉充実残額がある場合に，現に行っている社会福祉事業若しくは公益事業の充実又は既存事業以外の社会福祉事業若しくは公益事業の実施に関する計画をいいます（法55条の2①）。

　この社会福祉充実計画を策定する理由は，「社会福祉法人が保有する財産のうち，事業継続に必要な「控除対象財産」を控除してもなお一定の財産が生じる場合に，「社会福祉充実財産」を明らかにした上で，社会福祉事業等に計画的に再投資を促すとともに，公益性の高い法人としての説明責任の強化を図るために策定する」（厚生労働省　第5回社会福祉法人の財務規律の向上に係る検討会資料より）ためといえます。

　すなわち，社会福祉法人が保有する内部留保は必要以上に持つことなく，一定額を超える内部留保は，社会福祉事業や公益事業のために投資する必要があるということです。そして，この社会福祉充実計画は最終的に国民の閲覧に供されることになりますが，これにより，各社会福祉法人内部留保を，どのような事業に，どのくらいの金額を，どのように使用するのか，といったことがディスクローズされることになります。そのため，社会福祉法人は，社会福祉充実計画を適切に作成する必要があります。その結果，社会福祉法人の外部を取り巻くステークホルダーに対する説明責任が果たされるというわけです。

2．社会福祉充実計画の主な作成手続
(1) 社会福祉充実残額の有無の判定

　社会福祉充実計画を作成する必要があるのは，社会福祉充実残額がある場合のみです。社会福祉充実残額がない場合，社会福祉充実計画の作成は不要です。

　従って，まず社会福祉充実残額の有無を判定する必要があります。

　この社会福祉充実残額は，以下の算定式で算定されます。

> 活用可能な財産＝資産－負債－基本金－国庫補助金等特別積立金……（１）

> 社会福祉充実残額＝活用可能な財産－控除対象財産（対応基本金及び国庫補助金，対応負債の調整後）……（２）

　社会福祉充実残額がある場合とは，社会福祉充実残額が正の値となる場合です。前述の算定式（２）において，ゼロまたは負の値となった場合，社会福祉充実残額はゼロとなり，社会福祉充実残額はないという判定となります。社会福祉充実残額がない場合は，社会福祉充実計画の作成は不要です。

　一方，前述のとおり，社会福祉充実残額が正の値となる場合，すなわち社会福祉充実残額がある場合は，社会福祉充実計画を作成することになります。

　なお，社会福祉充実残額の有無の判定を行うのは，すべての社会福祉法人が対象となります。

(2) 公認会計士・税理士等への意見聴取

　社会福祉充実計画の作成にあたっては，事業費及び社会福祉充実残額について，公認会計士，税理士，監査法人，税理士法人の意見を聴かなければならないとされています（法55条の2⑤，施行規則6条の17）。

　これは，社会福祉充実計画の作成にあたって，専門家の意見を聴くというものです。すなわち，会計及び税務の専門家のチェックを受けることで，

【図表3-01】社会福祉充実計画の作成の要否の判定

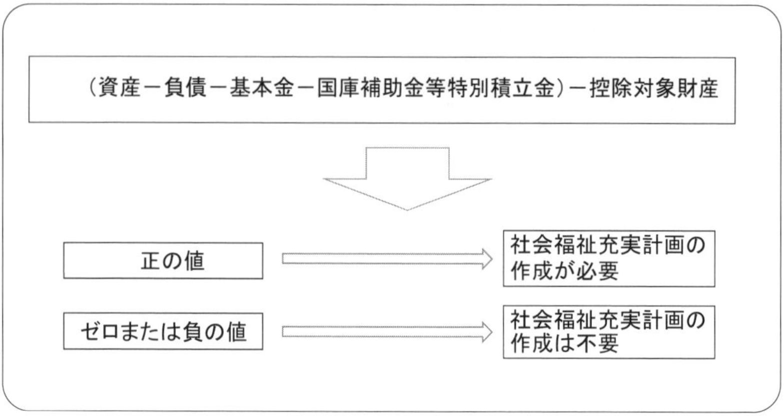

（資産－負債－基本金－国庫補助金等特別積立金）－控除対象財産

↓

- 正の値 → 社会福祉充実計画の作成が必要
- ゼロまたは負の値 → 社会福祉充実計画の作成は不要

作成する側の恣意性を排除し，社会福祉充実計画の金額の妥当性や実現可能性を確保しようとするものです。

(3) 地域協議会等への意見聴取

地域公益事業を行う社会福祉充実計画の作成にあたっては，当該地域公益事業の内容及び事業区域における需要について，当該事業区域の住民その他の関係者の意見を聴かなければなりません（法55条の2⑥）。

(4) 評議員会の承認

社会福祉充実計画を作成したら，評議員会の承認を得る必要があります（法55条の2⑦）。

これは，社会福祉充実計画は，その社会福祉法人の将来の経営に関わる重大な事項なので，最高意思決定機関である評議員会において議論し，決議を行うことが必要だからです。

なお，評議員会の承認を得る前に，理事会の承認も得る必要があります。

(5) 所轄庁への申請

評議員会の決議により，社会福祉充実計画が評議員会で承認されたら，社会福祉充実計画を所轄庁に提出して，その承認を得なければなりません

【図表3-02】社会福祉充実計画の策定の流れ（事務処理基準より）

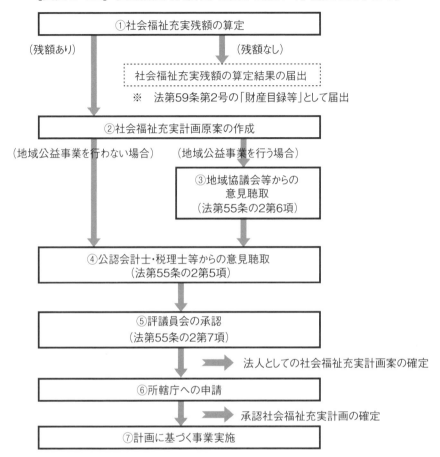

（法55条の2①）。

　所轄庁の承認は，以下の要件のいずれにも適合するものであると認めるときに行われます（法55条の2⑨）。

① 　社会福祉充実事業として記載されている社会福祉事業又は公益事業の規模及び内容が，社会福祉充実残額に照らして適切なものであること。

② 　社会福祉充実事業として社会福祉事業が記載されている場合にあっては，その規模及び内容が，当該社会福祉事業に係る事業区域における需

要及び供給の見通しに照らして適切なものであること。
③ 社会福祉充実事業として地域公益事業が記載されている場合にあっては，その規模及び内容が，当該地域公益事業に係る事業区域における需要に照らして適切なものであること。（以上，法55条の2⑨一～三）

3．社会福祉充実計画の開示
(1) 社会福祉充実計画の公表
社会福祉充実計画の承認等に係る事務処理基準（以下，「事務処理基準」）12（1）によれば，以下の場合に該当するときは，社会福祉法人のホームページ等において，直近の社会福祉充実計画を公表することが求められています。
① 社会福祉充実計画を策定し，所轄庁にその承認を受けた場合
② 社会福祉充実計画を変更し，所轄庁にその承認を受け，又は届出を行った場合

したがって，所轄庁の承認を受けたとき，又は届出を行ったときは速やかに社会福祉充実計画を公表することが求められます。日数は定められていませんが，極端に遅くなることは避ける必要があります。

(2) 社会福祉充実事業に係る実績の公表
事務処理基準12（2）によれば，社会福祉充実計画に記載した社会福祉充実事業に係る実績については，毎年度，社会福祉法人のホームページ等において，その公表に努めること，とされています。

この内容については，具体的に定められていませんが，計画と比較した実績値を掲載すると進捗度が客観的にわかるので有用と考えられます。

(3) 社会福祉充実計画の保存
事務処理基準12（3）によれば，社会福祉充実計画は，法人において，計画の実施期間満了の日から10年間保存しておくこと，とされています。

計画の実施期間満了の日からスタートするという点に留意する必要があります。

第2節 社会福祉充実残額とは

1．社会福祉充実残額の意義

　社会福祉充実残額は，活用可能な財産から控除対象財産を控除したものです。

　ここで，活用可能な財産とは資産から負債，基本金，国庫補助金等特別積立金を控除したものをいいます。

　また，控除対象財産とは，事業継続に必要な最低限の財産をいいます。

　具体的な計算式は第3節で述べますが，社会福祉充実残額とは一言でいえば，社会福祉法人が保有する内部留保に相当するものといえます。

2．社会福祉充実残額を算出する理由

　社会福祉充実残額を算出する理由は，社会福祉事業や公益事業に投下する内部留保の金額を明らかにするためといえます。

　社会福祉法人は，社会福祉事業や公益事業といった事業をとおして地域社会に貢献していく必要があります。しかし，これまでの社会福祉法人制度では，「法人が保有する財産の分類や取扱いに係るルールが必ずしも明確ではなく，公益性の高い非営利法人として，これらの財産の使途等について明確な説明責任を果たすことが困難であった。」（事務処理基準前文より）といわれており，必ずしも，すべての社会福祉法人が，自らの財産を社会福祉事業や公益事業に再投下することで，地域の社会福祉ニーズの発展に寄与してきたとはいえない面がありました。

　そこで，社会福祉法人の内部留保の範囲や取扱いを，統一した基準で明

確化し，国民に対して説明責任（アカウンタビリティ）を果たすようにしていくため，社会福祉充実残額を算出し，もって社会福祉充実計画を策定するというのが今回の制度改革の目的です。

3．多額の社会福祉充実残額が生じる理由
(1) 税制面での優遇

　社会福祉充実残額の算出は，今回が初めての制度となります。そのため，各社会福祉法人がどのくらいの社会福祉充実残額を保有しているのかは，現時点では不明です。

　しかし，一般に，社会福祉法人の中には多額の内部留保を保有しているところが多いといわれています。

　原因としてはいろいろとありますが，1つは，税制面での優遇があります。例えば，第2章第1節2で述べたように法人税法上の収益事業（法人税法2条十三）を行っていない場合，法人税等の納税義務がありません（法人税法4条①）。

　また，消費税等についても，事業者のうち，その課税期間に係る基準期間における課税売上高が1,000万円以下である者については，その課税期間中に国内において行った課税資産の譲渡等及び特定課税仕入れにつき，消費税を納める義務が免除されます（消費税法9条①）。株式会社と比べると社会福祉法人は，この納税義務の免除を受けることが多いという点については第2章第1節2で述べたとおりです。

　このような税制面での優遇を受けている社会福祉法人の場合，法人税等や消費税等を納税する負担がありませんので，法人税等や消費税等の納税義務がある事業体（一定の株式会社など）と比べると，税金納付による現金預金の流出が極めて少なくなります。そうなると，その分，現金預金が内部留保されます。

(2) 予算主義

　もう1つは，予算主義による弊害です。社会福祉法人が受け取る措置費については，予算に定めた額を達成することが困難となる場合，一定額を翌会計年度の経費として積み立てて，予算の達成をクリアするというケースが多くみられます。例えば，人件費積立金，修繕積立金といった積立金です。

　本来であれば，このような人件費積立金，修繕積立金といった積立金は，その目的に従って使用されればよいのですが，これまでの社会福祉法人制度においては，各種積立金を目的に従って使用することを明確に求められていなかったため，積立金が積み立てられたままという社会福祉法人が多く存在しました。その結果，使用されない積立金が，次々と積み立てられた社会福祉法人においては，多額の内部留保を保有するということになりました。

4．社会福祉充実残額と会計・税務の関係

　社会福祉充実残額は，会計基準や税法とは全く別の社会福祉法の基準により設定されるものです。社会福祉充実残額は，あくまで社会福祉事業や公益事業に再投下する財産の枠を決定するというものといえます。そのため，社会福祉充実残額に対して，税務上の課税などは行われません。

第3節 社会福祉充実残額の算出方法

1．計算方法

事務処理基準3（2）によると，社会福祉充実残額は，以下の計算式により算定するとされています。

【図表3-03】計算式

社会福祉充実残額 ＝ ①「活用可能な財産」－②「社会福祉法に基づく事業に活用している不動産等」＋③「再取得に必要な財産」＋④「必要な運転資金」）

① 活用可能な財産 ＝ 資産－負債－基本金－国庫補助金等特別積立金
② 「社会福祉法に基づく事業に活用している不動産等」＝ 財産目録により特定した事業対象不動産等に係る貸借対照表価額の合計額○円－対応基本金○円－国庫補助金等特別積立金○円－対応負債○円
③ 「再取得に必要な財産」＝
　【ア　将来の建替に必要な費用】
　（建物に係る減価償却累計額○円×建設単価等上昇率）×一般的な自己資金比率○％
　【イ　建替までの間の大規模修繕に必要な費用】
＋（建物に係る減価償却累計額○円×一般的な大規模修繕費用割合（％）－過去の大規模修繕に係る実績額○円
　（注1）過去の大規模修繕に係る実績額が不明な法人の特例。
　【ウ　設備・車両等の更新に必要な費用】
＋減価償却の対象となる建物以外の固定資産（②において財産目録で特定したものに限る。）に係る減価償却累計額の合計額○円
④ 「必要な運転資金」＝ 年間事業活動支出の3月分○円
　（注2）主として施設・事業所の経営を目的としていない法人等の特例。

このうち，②，③及び④が控除対象財産に相当するものです。
なお，上記の計算の過程において1円未満の端数が生じる場合には，これを切り捨てます。

2．活用可能な財産

活用可能な財産は，【図表3-03】の①のとおり，以下の算式により算出します。

> 活用可能な財産＝資産－負債－基本金－国庫補助金等特別積立金

活用可能な財産の算出においては，前会計年度の貸借対照表の数値を使用します。この貸借対照表は法人単位の貸借対照表です。

まず，右辺の「資産－負債」ですが，この値は貸借対照表の純資産の額に相当します。すなわち，これにより純資産の額が算出されます。

そして，純資産のうち，基本金と国庫補助金等特別積立金を控除します。その結果，一般的には，その他の積立金と次期繰越活動増減差額の合計額に相当する金額が算出されます。

この金額が活用可能な財産として位置づけられます。

なお，活用可能な財産の計算の結果が0以下となる場合，社会福祉充実残額が生じないことが明らかなので，以降の計算は不要となります。

3．控除対象財産

社会福祉充実残額を算出するためには，活用可能な財産から，さらに「社会福祉法に基づく事業に活用している不動産等」，「再取得に必要な財産」，「必要な運転資金」の3つを控除する必要があります。

この「社会福祉法に基づく事業に活用している不動産等」，「再取得に必要な財産」，「必要な運転資金」を控除対象財産といいます。

ここで，控除対象財産とは，社会福祉法人が事業を継続するために必要

【図表3-04】貸借対照表と活用可能な財産の関係

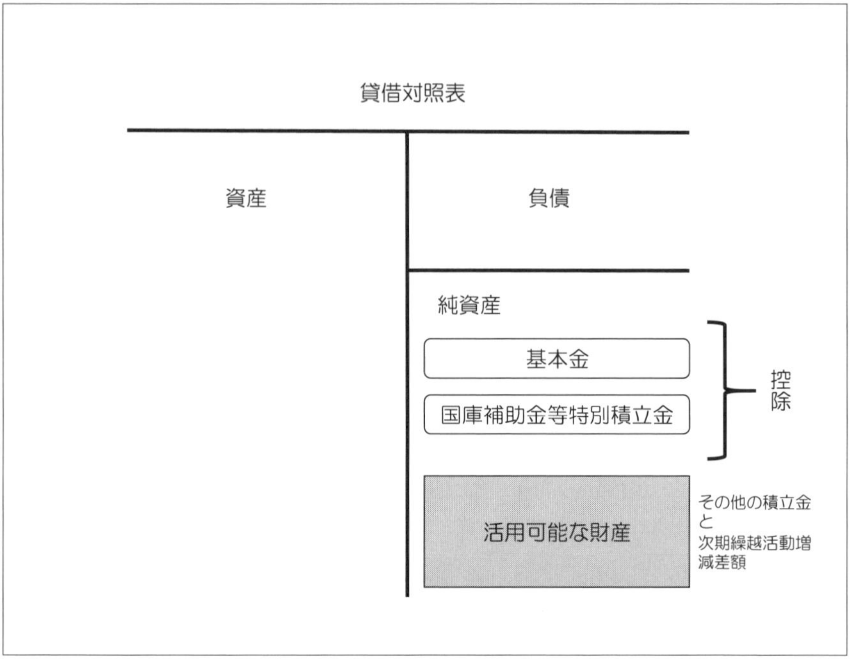

```
              貸借対照表
    ┌──────────────┬──────────────┐
    │              │              │
    │   資産       │   負債       │
    │              │              │
    │              ├──────────────┤
    │              │  純資産      │
    │              │ ┌──────────┐ │ ┐
    │              │ │  基本金  │ │ │
    │              │ └──────────┘ │ │ 控除
    │              │ ┌──────────┐ │ │
    │              │ │国庫補助金等特別積立金│ │
    │              │ └──────────┘ │ ┘
    │              │              │
    │              │ ┌──────────┐ │ その他の積立金
    │              │ │活用可能な│ │ と
    │              │ │  財産    │ │ 次期繰越活動増
    │              │ └──────────┘ │ 減差額
    └──────────────┴──────────────┘
```

な財産をいいます。この控除対象財産を控除する理由は，あくまで計算上の話ですが，この控除対象財産に相当する財産まで社会福祉充実残額として社会福祉事業等に再投下してしまうと，社会福祉法人の事業を継続するために必要な財産が減少してしまい，社会福祉法人の事業の継続が困難となるからです。

　したがって，控除対象財産相当額は，社会福祉法人に留保してもよいというわけです。

　この控除対象財産については第3章第4節で詳しく解説します。

【図表3-05】社会福祉充実残額の簡単なイメージ

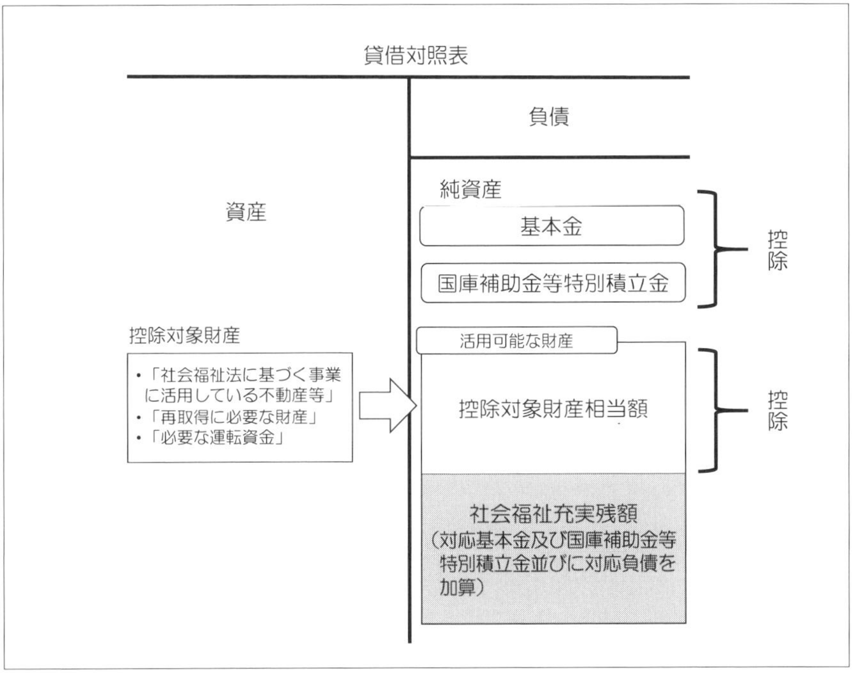

貸借対照表

資産 / 負債

純資産
- 基本金
- 国庫補助金等特別積立金 } 控除

控除対象財産
- 「社会福祉法に基づく事業に活用している不動産等」
- 「再取得に必要な財産」
- 「必要な運転資金」

→ 活用可能な財産
- 控除対象財産相当額 } 控除
- 社会福祉充実残額（対応基本金及び国庫補助金等特別積立金並びに対応負債を加算）

【参考】

施行令第6条の14第1項では，控除対象財産は以下のように定められています。

1. 社会福祉事業，公益事業及び収益事業の実施に必要な財産
2. ①に掲げる財産のうち固定資産の再取得等に必要な額に相当する財産
3. 翌会計年度において，①に掲げる事業の実施のため最低限必要となる運転資金

4．社会福祉充実計画の策定は社会福祉充実残額1万円以上から

(1) 原則的な取扱い

　社会福祉充実計画は，社会福祉充実残額が生じる場合に作成します（法55条の2①柱書）。そのため，社会福祉充実残額が0円以下の場合は社会福祉充実計画の作成は不要です。したがって，社会福祉充実残額が0円超

となるか，0円以下となるかは大きな論点となります。

　この社会福祉充実残額の計算方法については，端数処理が定められています。すなわち，【図表3-03】の計算式によって社会福祉充実残額を算出した結果，最終的に1万円未満の端数が生じる場合には，これを切り捨てます（事務処理基準3（2））。

　例としては以下のようになります。

【1万円未満切り捨ての例】

127,463,648円	→	127,460,000円……（イ）
15,936円	→	10,000円……（ロ）
9,625円	→	0円……（ハ）

　（ハ）のように社会福祉充実残額が1万円未満の場合は，0円となります。この場合は，社会福祉充実計画の策定は不要となります。

　しかしながら，（イ）や（ロ）のように，社会福祉充実残額が1万円以上となった場合は社会福祉充実計画の策定が必要となります。

　従って，社会福祉充実計画を策定するかどうかは，社会福祉充実残額が1万円以上となるかどうかが判断基準となります。

(2)　例外的な取扱い

　社会福祉充実計画の策定に係る費用が社会福祉充実残額を上回ることが明らかな場合は，この費用により社会福祉充実残額を費消し，事実上，社会福祉充実事業の実施が不可能であるため，社会福祉充実計画を策定できないとされています（事務処理基準3（2））。

　「社会福祉充実計画の策定に係る費用」について，同基準では，（別紙1－参考①）の「社会福祉充実計画記載要領」の「5．事業の詳細」⑧に，その例として「公認会計士・税理士等に対する意見聴取に係る費用」があげられています。ここでは「など」となっていますので，他にも該当するものがあると考えられます。例えば，社会福祉充実計画策定のために公認

会計士，税理士などのコンサルタントとコンサルティング契約を締結しているケースも想定されます。

　この，公認会計士・税理士等に対する意見聴取に係る費用や社会福祉充実計画策定に係るコンサルティング報酬が，社会福祉充実残額を上回る場合は，この意見聴取やコンサルティング業務を行うことで社会福祉充実残額をすべて費消してしまいます。つまり，社会福祉充実残額はゼロとなってしまいますので，この後，社会福祉充実計画を策定したところで，その実施は不可能です。

　したがって，このように，社会福祉充実計画の策定に係る費用が社会福祉充実残額を上回ることが明らかな場合は，社会福祉充実計画の策定は不要となります。

(3) 社会福祉充実残額の有無の開示

　社会福祉充実残額の有無の開示は，社会福祉法人が説明責任を果たすために極めて重要です。

　この社会福祉充実残額の有無に係る開示は，現況報告書の中で報告を行います。

5．社会福祉充実残額が０円以下の場合の手続

　前述のとおり，社会福祉充実残額が０円以下の場合，社会福祉充実計画の策定は不要です（法55条の２①柱書）。

　ただし，社会福祉充実残額が０円以下の場合であっても，その計算過程は社会福祉法人内で資料として保存する必要があります。

6．社会福祉充実残額を算定する単位

　社会福祉充実残額の算定は，法人全体で合算して算出します。したがって，施設単位で算出することは行いません。そのため，例えば，活用可能な財産は，法人単位の貸借対照表に基づいて算出します。

この点は，平成28年8月22日発出の「社会福祉法人制度改革に関するFAQ」問21において明らかにされています。

> 問21　社会福祉充実残額の算定は，法人全体で合算して算出するのか，それとも施設単位で算定するのか。
> （答）
> １．法人全体で合算の上，算出していただくこととなる。

（社会福祉法人制度改革に関するFAQより）

Column　社会福祉法と事務処理基準の計算式の違い

　社会福祉充実残額は，社会福祉法によれば以下の①から②を控除して算定するとされています（法55条の２①一及び二，同条③四）。
① 当該会計年度の前会計年度に係る貸借対照表の資産の部に計上した額から負債の部に計上した額を控除して得た額
② 基準日において現に行っている事業を継続するために必要な財産の額として厚生労働省令で定めるところにより算定した額

　すなわち，貸借対照表の純資産の額から控除対象財産を控除するという建前になっています。
　社会福祉法の計算式では，基本金と国庫補助金等特別積立金を控除していないので，一見すると，社会福祉法の計算式と社会福祉充実計画の承認等に係る事務処理基準の計算式とは異なっているようにみえますが，社会福祉充実計画の承認等に係る事務処理基準の計算式では，活用可能な財産の計算において，純資産から基本金と国庫補助金等特別積立金を控除する一方で，社会福祉法に基づく事業に活用している不動産等を算出するときに対応基本金と国庫補助金等特別積立金を控除しますので，基本的には同じとなります。

第4節 控除対象財産の算定

1．控除対象財産の種類

　控除対象財産は，社会福祉法人にとって事業継続に必要な財産と位置づけられます。

　控除対象財産は第3節で述べたように，以下の3種類に分類されます。

> （1）社会福祉法に基づく事業に活用している不動産等
> （2）再取得に必要な財産
> （3）必要な運転資金

　この控除対象財産は，あくまで社会福祉充実残額を算定するためのものです。

　そのため，控除対象財産に設定したからといって，実務上，その財産の使用が制限されるわけではありません。また，会計処理に影響を与えることもありませんし，会計上の処理が控除対象財産に連動するわけではありません。

　なお，この点について，厚生労働省は控除対象財産の意義として，

① 再投下対象財産（社会福祉充実残額）の算定に当たり，「事業継続に必要な財産」として，定量的に算定可能な「枠」を設定するもの
② 会計上のルールとは別の仕組み

　と説明しています。

【参考】

> 控除対象財産とは，
> ・**再投下対象財産（社会福祉充実残額）の算定に当たり，「事業継続に必要な財産」として，定量的に算定可能な「枠」を設定するもの。**
> ⇒ 社会福祉法人の事業形態・財政状況は多様であり，このルールにより算定された額（枠）と実際に法人が保有している財産額は異なる。
> ・**会計上のルールとは別の仕組み。**
> ⇒ 社会福祉法人制度として事業継続に必要な財産を算定するルールを定めるものであり，会計基準の枠組みとは別のルールであることから，例えば，法人が将来の備えのために計上した積立資産（積立金）であることをもって自動的に控除対象財産とはならない。（積立資産（積立金）計上はこれまでどおり可能。）

(厚生労働省 第18回社会保障審議会福祉部会 「「社会福祉充実残額」の有効活用について（素案）」より)

また，社会福祉法人制度改革に関するFAQ（社会福祉法人制度改革の施行に向けたブロック別担当者会議）においても，社会福祉充実残額は会計基準による会計処理とは別の概念である旨が述べられています。

【参考】

> 問27 社会福祉充実残額相当額は，純資産の中で目的積立金として認識し，同額の資産計上を行うこととなるのかご教示願いたい。
> (答)
> 1．社会福祉充実残額については会計基準による会計処理とは別の概念であることから，必ずしも積立金として計上する必要はない。

(平成28年8月22日 社会福祉法人制度改革に関するFAQより)

2．社会福祉法に基づく事業に活用している不動産等
(1) 意義

社会福祉法に基づく事業に活用している不動産等とは，社会福祉法人が実施する社会福祉事業，公益事業及び収益事業に供与されている財産であって，当該財産がなければ事業の実施に直ちに影響を及ぼしうるものをいいます。

(2) 収益事業の実施に必要な財産の取扱い

　施行規則第6条の14①iでは，社会福祉事業，公益事業に加えて収益事業の実施に必要な財産もあげられています。しかし，後述しますが，社会福祉充実残額は社会福祉事業及び公益事業に再投資することが求められています。

　そのため，社会福祉充実残額の計算では控除対象財産として収益事業の実施に必要な財産を控除できるのに対して，社会福祉充実残額の再投資先は社会福祉事業と公益事業に限られるというのは整合していない感じはします。

　しかし，事務処理基準3（1）「控除対象財産の基本的な考え方」に記載されているように，控除対象財産は，事業継続に最低限必要な財産を明確化するという観点から分類されています。

　したがって，控除対象財産は，再投資の対象として見るのではなく，事業継続という観点から分類しますので，収益事業も事業継続のために必要な財産は控除対象財産に分類されるということになります。

(3) 控除対象財産に該当するための条件

　社会福祉法人が所有する資産のうち，社会福祉法に基づく事業に活用している不動産等として控除対象財産になるかどうかは，その財産が事業の継続に影響を及ぼすかどうかで判断します。そのため，社会福祉法人の任意によって控除対象財産を決定できるわけではありません。

　この点は公益法人とは異なります。公益法人では，いわゆる財務3基準の中に，法人が保有する遊休財産は，その事業年度の公益目的事業会計の事業費を超えてはならないという，いわゆる遊休財産保有制限があります（認定法16条①）。公益法人は，この遊休財産保有制限をクリアするために，控除対象財産を一定の要件の下で設定できます。この設定は，社会福祉法人における社会福祉充実残額を算定する場合の控除対象財産と比較すると，自由度は高いといえます。

例えば，公益法人の場合，建物の将来の修繕に備えた修繕積立金や将来の〇〇周年記念イベントのために使用する予定の費用を特定費用準備資金として設定することができます。

　一方，社会福祉充実残額を算定するための控除対象財産では，このような修繕積立金や記念事業積立金は設定することはできません。その理由は，社会福祉充実残額を算定する目的は，社会福祉法人が持つ内部留保を明らかにして，その内部留保を社会福祉事業や公益事業に投資することを目的としますが，修繕積立金を控除対象財産としてしまうと，社会福祉法人に内部留保を設定することになってしまい，その趣旨と反する結果となってしまうからです。

(4) 控除対象財産となるかどうかの判定

　控除対象財産となる財産となるかどうかは，社会福祉法人が実施する社会福祉事業，公益事業及び収益事業に供与されている財産であって，当該財産がなければ事業の実施に直ちに影響を及ぼしうるかどうかで判定します。

　控除対象財産となる財産の例としては，以下のものがあげられています。

【控除対象財産となる財産の例】

- 現に事業に活用している土地，建物，設備（障害者総合支援法に基づく就労支援事業に活用されている土地・建物・設備を含む。）等
- 職員の福利厚生のための土地，建物，設備等
- サービス提供に必要な送迎車両
- サービス提供に必要な介護機器
- サービス提供に必要な生活機器（テレビ，冷蔵庫，洗濯機，電子レンジ等）
- 事業に必要な事務機器（パソコン，プリンター等）
- 災害時のための食料・物品の備蓄
- 障害者総合支援法に基づく就労支援事業における工賃変動積立金
- 使途が限定されている寄付金等（基本金に計上されないもの）
- 国・自治体等の補助により造成され，使途が限定されている基金等

(厚生労働省　第18回社会保障審議会福祉部会　「「社会福祉充実残額」の有効活用について（素案）」より)

　一方，控除対象財産とはならない財産の例としては，以下のものがあげられています。

【控除対象財産とならない財産の例】

- ・現預金，有価証券
- ・人件費積立金，修繕積立金等の積立資産（ただし，障害者総合支援法に基づく就労支援事業における工賃変動積立金を除く。）
- ・遊休不動産（断続的であっても，長期にわたって事業に継続して使用している不動産は除く。）
- ・美術品

(厚生労働省　第18回社会保障審議会福祉部会　「「社会福祉充実残額」の有効活用について（素案）」より)

(5)　積立金について

　社会福祉法人では貸借対照表に資産として計上された積立金は，原則として控除対象財産にはなりません。「障害者総合支援法に基づく就労支援事業における工賃変動積立金」は例外的な位置づけとなります。

　これは，上述のように，積立金を控除対象財産としてしまうと，内部留保が増加してしまうからです。すなわち，社会福祉充実計画は，社会福祉法人が保有する内部留保を必要以上に保有せず，社会福祉事業や公益事業に投資することを目的としているため，積立金の設定により内部留保が増加してしまうと，本来の趣旨を達成できなくなってしまうからです。

　なお，第19回厚生労働省社会保障審議会福祉部会では「再生産に必要な資金として，法人が計上した積立金（人件費積立金を含む）を全額控除対象財産とすべきではないか。」という意見に対して，厚生労働省側は検討の方向性として「各種積立金については，法人の裁量により計上することが可能であり，必ずしも事業継続に必要な最低限の財産とはいえないことから，控除対象財産とはしない方向。」と述べています。

したがって，これまで積み立ててきた人件費積立金，修繕積立金といった積立資産は社会福祉法に基づく事業に活用している不動産等としての控除対象財産にはならないことに留意する必要があります。

【参考】

問24　人件費積立金・修繕積立金等の積立資産を控除対象財産に含めないのはなぜか。
(答)
1．各種積立金については，法人の裁量により設置が認められているところであるが，人件費積立金や修繕積立金を始め，例えば「緊急対策積立金」や「経営改善積立金」，「その他積立金」など，必ずしも使途・目的が明確ではない，多種多様なものが存在している。
2．こうした中，控除対象財産については，各法人にとって公平なルールの下，定量的に算定可能な仕組みとすることが必要であるため，法人の裁量性が高い積立金（積立資産）については，事業継続に必要な最低限の財産には馴染まないと考えている。
3．なお，従来どおり，社会福祉法人会計基準に定めるところにより，法人の判断で積立金を計上することを妨げるものではない。
4．ただし，人件費積立金・修繕積立金等については，「再生産に必要な財産」や「必要な運転資金」の中で控除対象となる場合があり得る。

（平成28年8月22日　社会福祉法人制度改革に関するFAQより）

問26　余裕財産について，長期的な人材確保のための人件費は考慮される予定であるか。
(答)
1．ご指摘の費用については，各法人において人件費積立金などにより対応されているものと考えられるが，問24の回答のとおり，控除対象財産とはならない。
2．なお，人材確保のための経費は，社会福祉充実計画に基づき，社会福祉充実残額を充てることが可能である。

（平成28年8月22日　社会福祉法人制度改革に関するFAQより）

第3章 社会福祉充実計画　43

(6) 控除対象となるかどうかの判断基準

　社会福祉法に基づく事業に活用している不動産等として控除対象となるかどうかは，控除対象財産の金額に影響を与えますので，重要な論点です。社会福祉充実計画の承認等に係る事務処理基準では，具体的な内容として以下の表を掲げています。

【図表3-06】社会福祉法に基づく事業に活用している不動産等（事務処理基準3（4）①より）

(◎：控除対象となるもの，○：社会福祉事業等の用に供されるものに限り，控除対象となるもの，－：控除対象とはならないもの)

大区分	中区分	勘定科目の内容	控除対象の判別	理由・留意事項等
流動資産	現金預金	現金（硬貨，小切手，紙幣，郵便為替証書，郵便振替貯金払出証書，官公庁の支払通知書等）及び預貯金（当座預金，普通預金，定期預金，郵便貯金，金銭信託等）をいう。	－	最終的な使途目的が不明確な財産となることから控除対象とはならない。
	有価証券	国債，地方債，株式，社債，証券投資信託の受益証券などのうち時価の変動により利益を得ることを目的とする有価証券をいう。	－	最終的な使途目的が不明確な財産となることから控除対象とはならない。
	事業未収金	事業収益に対する未収入金をいう。	－	
	未収金	事業収益以外の収益に対する未収入金をいう。	－	
	未収補助金	施設整備，設備整備及び事業に係る補助金等の未収額をいう。	◎	社会福祉事業等の用に供されることが明らかに見込まれることから，控除対象となる。

〈資産の部〉

未収収益	一定の契約に従い，継続して役務の提供を行う場合，すでに提供した役務に対していまだその対価の支払を受けていないものをいう。	－	最終的な使途目的が不明確な財産となることから控除対象とはならない。
受取手形	事業の取引先との通常の取引に基づいて発生した手形債権（金融手形を除く）をいう。	－	
貯蔵品	消耗品等で未使用の物品をいう。業種の特性に応じ小区分を設けることができる。	○	社会福祉事業等の用に供されるものに限り，控除対象となる。
医薬品	医薬品の棚卸高をいう。	◎	社会福祉事業等の用に供されることが明らかに見込まれることから，控除対象となる。
診療・療養費等材料	診療・療養費等材料の棚卸高をいう。	◎	
給食用材料	給食用材料の棚卸高をいう。	◎	
商品・製品	売買又は製造する物品の販売を目的として所有するものをいう。	◎	
仕掛品	製品製造又は受託加工のために現に仕掛中のものをいう。	◎	
原材料	製品製造又は受託加工の目的で消費される物品で，消費されていないものをいう。	◎	
立替金	一時的に立替払いをした場合の債権額をいう。	－	最終的な使途目的が不明確な財産となることから控除対象とはならない。

前払金	物品等の購入代金及び役務提供の対価の一部又は全部の前払額をいう。	○	社会福祉事業等の用に供されるものに限り，控除対象となる。
前払費用	一定の契約に従い，継続して役務の提供を受ける場合，いまだ提供されていない役務に対し支払われた対価をいう。	◎	費用化されるため，控除対象となる。
1年以内回収予定長期貸付金	長期貸付金のうち貸借対照表日の翌日から起算して1年以内に入金の期限が到来するものをいう。	◎	社会福祉事業等の用に供されることが明らかに見込まれることから，控除対象となる。
1年以内回収予定事業区分間長期貸付金	事業区分間長期貸付金のうち貸借対照表日の翌日から起算して1年以内に入金の期限が到来するものをいう。		法人全体の貸借対照表には計上されない。
1年以内回収予定拠点区分間長期貸付金	拠点区分間長期貸付金のうち貸借対照表日の翌日から起算して1年以内に入金の期限が到来するものをいう。		
短期貸付金	生計困窮者に対して無利子または低利で資金を融通する事業，法人が職員の質の向上や福利厚生の一環として行う奨学金貸付等，貸借対照表日の翌日から起算して1年以内に入金の期限が到来するものをいう。	◎	社会福祉事業等の用に供されることが明らかに見込まれることから，控除対象となる。

	事業区分間貸付金	他の事業区分への貸付額で，貸借対照表日の翌日から起算して1年以内に入金の期限が到来するものをいう。		法人全体の貸借対照表には計上されない。
	拠点区分間貸付金	同一事業区分内における他の拠点区分への貸付額で，貸借対照表日の翌日から起算して1年以内に入金の期限が到来するものをいう。		
	仮払金	処理すべき科目又は金額が確定しない場合の支出額を一時的に処理する科目をいう。	○	社会福祉事業等の用に供されるものに限り，控除対象となる。
	その他の流動資産	上記に属さない債権等であって，貸借対照表日の翌日から起算して1年以内に入金の期限が到来するものをいう。ただし，金額の大きいものについては独立の勘定科目を設けて処理することが望ましい。	○	
	徴収不能引当金	未収金や受取手形について回収不能額を見積もったときの引当金をいう。		資産から控除済。
固定資産（基本財産）	土地	基本財産に帰属する土地をいう。	◎	社会福祉事業等の用に供されることが明らかに見込まれることから，控除対象となる。
	建物	基本財産に帰属する建物及び建物付属設備をいう。	◎	
	定期預金	定款等に定められた基本財産として保有する定期預金をいう。	○	法人設立の要件となっているものに限り，控除対象となる。（注1）
	投資有価証券	定款等に定められた基本財産として保有する有価証券をいう。	○	
	土地	基本財産以外に帰属する土地をいう。	○	社会福祉事業等の用に供されるものに限り，控除対象となる。（注2）
	建物	基本財産以外に帰属する建物及び建物付属設備をいう。	○	

固定資産（その他の固定資産）	構築物	建物以外の土地に固着している建造物をいう。	○	
	機械及び装置	機械及び装置をいう。	○	
	車輌運搬具	送迎用バス，乗用車，入浴車等をいう。	○	
	器具及び備品	器具及び備品をいう。	○	社会福祉事業等の用に供されるものに限り，控除対象となる。
	建設仮勘定	有形固定資産の建設，拡張，改造などの工事が完了し稼働するまでに発生する請負前渡金，建設用材料部品の買入代金等をいう。	◎	社会福祉事業等の用に供されることが明らかに見込まれることから，控除対象となる。
	有形リース資産	有形固定資産のうちリースに係る資産をいう。	○	社会福祉事業等の用に供されるものに限り，控除対象となる。
	権利	法律上又は契約上の権利をいう。	○	
	ソフトウェア	コンピュータソフトウェアに係る費用で，外部から購入した場合の取得に要する費用ないしは制作費用のうち研究開発費に該当しないものをいう。	○	
	無形リース資産	無形固定資産のうちリースに係る資産をいう。	○	
	投資有価証券	長期的に所有する有価証券で基本財産に属さないものをいう。	−	最終的な使途目的が不明確な財産となることから控除対象とはならない。

長期貸付金	生計困窮者に対して無利子または低利で資金を融通する事業、法人が職員の質の向上や福利厚生の一環として行う奨学金貸付等、貸借対照表日の翌日から起算して入金の期限が1年を超えて到来するものをいう。	◎	社会福祉事業等の用に供されることが明らかに見込まれることから、控除対象となる。
事業区分間長期貸付金	他の事業区分への貸付金で貸借対照表日の翌日から起算して入金の期限が1年を超えて到来するものをいう。	/	法人全体の貸借対照表には計上されない。
拠点区分間長期貸付金	同一事業区分内における他の拠点区分への貸付金で貸借対照表日の翌日から起算して入金の期限が1年を超えて到来するものをいう。	/	
退職給付引当資産	退職金の支払に充てるために退職給付引当金に対応して積み立てた現金預金等をいう。	/	負債から控除済。
長期預り金積立資産	長期預り金(注:ケアハウス等における入居者からの管理費等)に対応して積み立てた現金預金等をいう。	/	負債から控除済。
○○積立資産	将来における特定の目的のために積立てた現金預金等をいう。なお、積立資産の目的を示す名称を付した科目で記載する。	−	使途目的の定めのない財産であることから控除対象とはならない。(注3) ただし、障害者総合支援法に基づく就労支援事業による工賃変動積立金については、この限りではない。
差入保証金	賃貸用不動産に入居する際に賃貸人に差し入れる保証金をいう。	◎	社会福祉事業等の用に供されることが明らかに見込まれることから、控除対象となる。

長期前払費用	時の経過に依存する継続的な役務の享受取引に対する前払分で貸借対照表日の翌日から起算して1年を超えて費用化される未経過分の金額をいう。		◎	費用化されるため，控除対象となる。
その他の固定資産	上記に属さない債権等であって，貸借対照表日の翌日から起算して入金の期限が1年を超えて到来するものをいう。ただし，金額の大きいものについては独立の勘定科目を設けて処理することが望ましい。		○	社会福祉事業等の用に供されるものに限り，控除対象となる。

注1　基本財産のうち，土地・建物を除く定期預金及び投資有価証券については，法人設立時に必要とされた基本財産（社会福祉施設等を経営する法人にあっては，100万円又は1,000万円，社会福祉施設等を経営しない法人にあっては，1億円又は所轄庁が認めた額など，「社会福祉法人の認可について」（平成12年12月1日付け障発第890号，社援発第2618号，老発第794号，児発第908号。）等に基づき必要とされた額に限る。）の範囲内で控除対象となる。

注2　現に社会福祉事業等に活用していない土地・建物については，原則として控除対象とはならないが，社会福祉充実残額の算定を行う会計年度の翌会計年度に，具体的な活用方策が明らかな場合（翌会計年度中に社会福祉事業等に活用する建物の建設に着工する場合であって，事業開始は翌々会計年度以降となるような場合を含む。）については，この限りではない。

　　なお，土地・建物を翌々会計年度以降に活用する場合にあっては，社会福祉充実計画において，具体的な活用方策を記載することにより，当該土地・建物を保有し，活用することが可能である。

注3　国や自治体からの補助を受け，又は寄付者等の第三者から使途・目的が明確に特定されている寄付等の拠出を受け，設置された積立資産については，控除対象となる。

注4　損害保険金又は賠償金を受け，これを原資として建物等の現状復旧を行うための財産については，当該保険金又は賠償金の範囲で控除対象となる。

　この表の中で，

　◎は控除対象となるもの

　○は具体的な財産の内容により控除対象となり得るもの

　－は控除対象とはならないもの

としています。

「◎」と「−」は控除対象となるものとならないものとして明確に区分されているのでわかりやすいと思います。

○は具体的な財産の内容により控除対象となり得るもの，すなわち「社会福祉事業等の用に供されるもの」あるいは「法人設立の要件となっているもの」（固定資産（基本財産）に計上される定期預金，投資有価証券）が対象となります。

「社会福祉事業等の用に供されるもの」とは，前述のように，社会福祉事業，公益事業及び収益事業に供与されており，当該財産がなければ事業の実施に直ちに影響を及ぼし得るものです。

従って，要件は以下の2つとなります。

A　社会福祉事業，公益事業及び収益事業に供与されていること
B　当該財産がなければ事業の実施に直ちに影響を及ぼし得るもの

この2つの要件のうち，Bの判定は難しくなると考えられます。具体的な判断基準は法令上明示されていないので，社会福祉法人の活動方針などによって変わってくると考えられるからです。

なお，社会福祉充実計画の承認等に係る事務処理基準3（4）①基本的な考え方では，以下のように述べられています。

> 「社会福祉法に基づく事業に活用している不動産等」として控除対象となる財産は，法人が現に実施する社会福祉事業等に，直接又は間接的に供与されている財産であって，当該財産がなければ事業の実施に直ちに影響を及ぼし得るものとする。
> 一方，法人が実施する社会福祉事業等の実施に直ちに影響を及ぼさない財産については，控除対象とはならない。

そこで，Bの判断基準については，各社会福祉法人において判断基準を記載した規程などを作成して，それに準拠するという方法が考えられます。

すなわち，この判断基準に恣意性が介入しないよう，「社会福祉法に基づく事業に活用している不動産等」に係る内部統制を整備・運用することが必要です。

(7) 対応基本金及び国庫補助金等特別積立金について

　控除対象財産を取得するときに，基本金又は国庫補助金等特別積立金を使用している場合は，控除対象財産の額を算定するときは，その控除対象財産の帳簿価額から使用した基本金又は国庫補助金等特別積立金を控除します。

　これは，活用可能な財産を算出するときに基本金又は国庫補助金等特別積立金を控除しているため，控除対象財産の額から基本金又は国庫補助金等特別積立金を控除しないと，二重の控除となってしまうからです。

【設例1】活用可能な財産の計算例

貸借対照表

資産（合計600）	負債（合計100）
	借入金　100
現金預金　400	純資産（合計500）
土地　　　200	基本金　200
	次期繰越活動増減差額　300

● 土地は控除対象財産とする。
● 土地は基本金によって賄われて取得したものである。

【解答】

　活用可能な財産：資産600 − 負債100 − 基本金200 = 300

　社会福祉充実残額：

　　活用可能な財産300 − （控除対象財産200 − 対応基本金200）= 300

【解説】

　この設例では，土地を基本金200によって取得しています。

　そうすると，この土地は自由には使えないものですから，資産のうち残りの現金預金400が自由に使える資産となります。しかし，負債として借入金100がありますので，現金預金400から借入金100を控除した300が最終的に自由に使える資産となります。

　ここで，社会福祉充実残額の算定式で，控除対象財産から対応基本金200を控除しないと，

　社会福祉充実残額＝活用可能な財産300－控除対象財産200＝100

となってしまい，実態と合わなくなってしまいます。

　これは，活用可能な財産の計算において，基本金200を控除しているため，控除対象財産から対応基本金200を控除しないと，二重控除となってしまうからです。

　そのため，控除対象財産の計算において対応基本金を控除するわけです。

(8) **対応負債について**

　① 対応負債の計算例

　なお，Aの算定に当たっては，貸借対照表の負債の部に計上した額のうち，Aに規定する財産に相当する額を控除しなければなりません。なお，以下，この負債を「対応負債」と呼びます。

　この対応負債を控除する理由は，この対応負債相当額を控除しないと控除対象財産の二重引きになってしまうからです。

　以下，簡単な説例で説明します。

【設例2】 対応負債の計算例

貸借対照表

資産	負債
現金預金 500 （うち必要な運転資金 100） 土地　　200	借入金 200
	純資産
	次期繰越活動増減差額 500

- 基本金はないものとする。
- 土地はすべて控除対象財産とする。
- この土地は負債の部に計上されている借入金200によって取得したものとする。

【解答】

活用可能な財産：資産700－負債200＝500

社会福祉充実残額：活用可能な財産500－控除対象財産（必要な運転資金100＋土地200－対応負債200）＝社会福祉充実残額400

【解説】

この例では、資産は現金預金500、土地200という構成になっています。

現金預金のうち、100は必要な運転資金なので、自由に使える現金預金は500－100＝400となります。

また、土地200は控除対象財産なので、自由には使えません。

その結果、この社会福祉法人が自由に使える資産は400となります。

ここで、対応負債を考慮しないで社会福祉充実残額を算出する上記の式に当てはめてみます。

活用可能な財産：資産700－負債200＝500

社会福祉充実残額：活用可能な財産500－控除対象財産（必要な運転資金100＋土地200）＝社会福祉充実残額200

対応負債を考慮しないで計算すると社会福祉充実残額は200となりました。

しかし，この金額は妥当ではありません。社会福祉充実残額はその社会福祉法人が保有する余裕財産です。この設例で見てみると，資産700のうち，控除対象財産である必要な運転資金100と土地200を除いた400が本来あるべき余裕財産の金額です。

すなわち，対応負債を考慮しないで計算した200という金額は実態にそぐわない数値となっています。

この原因は，対応負債を控除対象財産から控除していないからです。この設例では対応負債は200です。対応負債を考慮していないため，控除対象財産が二重引きとなってしまっています。

このように対応負債を考慮することで実態と整合する金額となります。

② 対応負債に該当する科目

事務処理基準3（4）③では，対応負債に該当する負債科目を明らかにしています。

具体的には以下の4つです。ただし，控除対象財産に明らかに対応しない負債は除きます。

i 1年以内返済予定設備資金借入金
ii 1年以内返済予定リース債務
iii 設備資金借入金
iv リース債務

このうち，iiとivのリース債務については，対応する資産はリース契約により明らかなので，把握は容易と考えられます。控除対象財産と認識したリース資産があれば，そのリース資産に対応するリース負債が対応負債となります。なお，リース負債については内訳を正しく把握しておく必要があります。

一方，借入金については，設備資金借入金が対象なので，比較的把握しやすいと考えられますが，控除対象財産と認識した建物等が，設備資金借入金によって建設されたのかどうか，設備借入金によって建設されたのであれば，どの設備借入金とひも付いているのかを正しく把握する必要があります。帳簿上のデータだけだと把握できない場合もあるので，建設当時の計画書や金銭消費貸借契約書などの資料を調査することも必要と考えられます。

なお，上記のⅰ～ⅳをみてわかるように，対応負債は流動負債の部に計上された負債も含みます。控除対象財産と認識された資産が固定資産だからといって，固定負債分しか対応しないということではありませんので留意する必要があります。

⑼ 財産目録の記載方法

財産目録は，控除対象財産を識別するために，様式が変わりました。

財産目録の記載のポイントは「使用目的等」の欄です。この使用目的等の欄には，どの社会福祉事業や公益事業にその資産を使用しているのかを明記する必要があります。

【図表3-07】の記載例の土地を例にとると「第1種社会福祉事業である，○○施設等に使用している。」というように，どの事業のどの施設のために使用しているのかがはっきりと記載されています。なお，記載例の「記載上の留意事項」では「「使用目的等」欄には，社会福祉法第55条の2の規定に基づく社会福祉充実残額の算定に必要な控除対象財産の判定を行うため，各資産の使用目的を簡潔に記載する。」と記載されています。

なぜ，このように事業名や施設名などを明記する必要があるのかというと，前述の「記載上の留意事項」にも記載されているように，この記載が控除対象財産となるかどうかの判定の目安となるからです。言い換えると，使用目的欄の記載により，控除対象財産とのひも付きが明らかになるからです。

【図表3-07】財産目録の記載例（事務処理基準3（4）⑤より）

財 産 目 録 （記載例）

平成 年 月 日現在

(単位：円)

貸借対照表科目	場所・物量等	取得年度	使用目的等	取得価額	減価償却累計額	貸借対照表価額	控除対象	控除対象額
Ⅰ 資産の部								
1 流動資産								
現金預金								
現金	現金手許有高	−	運転資金として	−	−	×××	×	
普通預金	○○銀行○○支店他	−	運転資金として	−	−	×××	×	
小計						×××		
事業未収金		−	○月分介護報酬等	−	−	×××	×	
......			......			......		
流動資産合計						×××		
2 固定資産								
(1) 基本財産								
土地	(A拠点)○○市○○町1-1-1	−	第1種社会福祉事業である、○○施設等に使用している	−	−	×××	○	
	(B拠点)○○市○○町2-2-2	−	第2種社会福祉事業である、▲▲施設等に使用している	−	−	×××	○	
	小計					×××		
建物	(A拠点)○○市○○町1-1-1	19××年度	第1種社会福祉事業である、○○施設等に使用している	×××	×××	×××	○	
	(B拠点)○○市○○町2-2-2	19××年度	第2種社会福祉事業である、▲▲施設等に使用している	×××	×××	×××	○	
	小計					×××		
定期預金	○○銀行○○支店他	−	寄附者により○○事業に使用することが指定されている	−	−	×××	○	
投資有価証券	第○回利付国債他	−	特段の指定がない	−	−	×××	×	
......	......		......			......		
基本財産合計						×××		
(2) その他の固定資産								
土地	(C拠点)○○市○○町3-3-3	−	5年後に開設する○○事業のための用地	−	−	×××	×	
	(本部拠点)○○市○○町4-4-4	−	本部として使用している	−	−	×××	○	
	小計					×××		
建物	(D拠点)○○市○○町5-5-5	20××年度	第2種社会福祉事業である、訪問介護事業所に使用している	×××	×××	×××	○	
車輌運搬具	○○他3台		利用者送迎用	×××	×××	×××	○	
○○積立資産	定期預金 ○○銀行○○支店他		将来における○○の目的のために積み立てている定期預金	−	−	×××	×	
......	......		......			......		
その他の固定資産合計						×××		
固定資産合計						×××		
資産合計						×××		
Ⅱ 負債の部								
1 流動負債								
短期運営資金借入金	○○銀行○○支店他	−				×××		
事業未払金	○月分水道光熱費他	−				×××		
職員預り金	○月分源泉所得税他	−				×××		
......	......							
流動負債合計						×××		
2 固定負債								
設備資金借入金	独立行政法人福祉医療機構他	−				×××		
長期運営資金借入金	○○銀行○○支店他	−				×××		
......	......							
固定負債合計						×××		
負債合計						×××		
差引純資産						×××		

注：右端の控除対象/控除対象額欄は「→算定シートで判定（財産目録を構成しない）」

（記載上の留意事項）
・土地、建物が複数ある場合には、科目を拠点区分毎に分けて記載するものとする。
・同一の科目について控除対象財産に該当し得るものと、該当し得ないものが含まれる場合には、分けて記載するものとする。
・科目を分けて記載した場合には、小計欄を設けて、「貸借対照表価額」欄と一致させる。
・「使用目的等」欄には、社会福祉法第55条の2の規定に基づく社会福祉充実残額の算定に必要な控除対象財産の判定を行うため、各資産の使用目的を簡潔に記載する。
　なお、負債については、「使用目的等」欄の記載を要しない。
・「貸借対照表価額」欄は、「取得価額」欄と「減価償却累計額」欄の差額と同額になることに留意する。
・建物については、「取得年度」欄を記載する。
・減価償却資産（有形固定資産に限る。）については、「減価償却累計額」欄を記載する。なお、減価償却累計額には、減損損失累計額を含むものとする。
　また、ソフトウェアについては、取得価額から貸借対照表価額を控除して得た額を「減価償却累計額」欄に記載する。
・車輌運搬具の○○には会社名と車種を記載すること。車輌番号は任意記載とする。
・預金に関する口座番号は任意記載とする。

より具体的にいうと，これは特に，所轄庁が社会福祉充実残額を確認する際，控除対象財産を把握するためにこの財産目録を使用するからです。この使用目的欄の記載が不明確のまま，控除対象財産としてカウントすると，所轄庁の指導監査の時に指摘される可能性が高くなります。

このような理由から，財産目録の使用目的欄は明確に使用目的を記載する必要があります。

3．再取得に必要な財産
(1) 意義と計算方法

「再取得に必要な財産」とは，社会福祉法人が所有する施設・設備を再取得すると仮定して，法人が建替等に必要と見込まれる費用に相当する金額です。

算出方法は以下のとおりです。

```
再取得に必要な財産
＝【将来の建替に必要な費用】
　（現在の建物に係る減価償却累計額○円×建設単価等上昇率）
　×一般的な自己資金比率22％
　【建替までの間の大規模修繕に必要な費用】
＋（現在の建物に係る減価償却累計額○円
　　×一般的な大規模修繕費用割合30％）－過去の修繕額○円
　【設備・車両等の更新に必要な費用】
＋減価償却の対象となる固定資産（10万円以上）に係る減価償却累計額の合計額
```

以下では，再取得に必要な財産を「将来の建替に必要な費用」，「建替までの間の大規模修繕に必要な費用」，「設備・車両等の更新に必要な費用」の3つに分けて説明します。

(2) 将来の建替に必要な費用
（イ）減価償却累計額を使用する理由

将来の建替に必要な費用は，「(現在の建物に係る減価償却累計額○円×建設単価等上昇率)×一般的な自己資金比率22％」という算式で計算されます。

　「現在の建物に係る減価償却累計額」を使用する理由ですが，減価償却累計額はその建物の建替に必要な資金を内部留保したものといえるからです。これは，減価償却による自己金融効果によるものです。

　また，減価償却累計額は減価償却期間満了後の金額ではなく，社会福祉充実残額を算定する各会計年度末に既に計上された減価償却費の累計額を集計します。したがって，過去に計上された減価償却費が適正であったかどうかを再計算により確かめる必要があります。

　通常，固定資産管理ソフトを使用していれば，分類，償却方法，耐用年数等の設定の誤りがなければ減価償却費は適切に計上されていると考えられますが，固定資産管理ソフトを使用せず，スプレッドシートで計算している場合は，計算式が正しく設定されていたかどうかを改めて確かめる必要があります。

　また，固定資産管理ソフトを使用していても，設定の誤りにより計上誤りが生じるときがあります。例えば，減価償却方法は平成19年3月31日以前に取得した減価償却資産については，取得価額の95％相当額まで償却した年分の翌年分以後は，期首帳簿価額から1円を控除した金額を5で除した金額を償却費の額とし，1円まで均等償却しますが，これを失念しているというケースが散見されます。この場合，減価償却累計額の計上漏れとなっていますので，修正を行う必要があります。

　(ロ)　集計する単位

　減価償却累計額を集計する単位は，独立した建物単位で計算します。

　これは，減価償却累計額は，建物の建設時から経過年数に応じて異なるためです。

【設例】

	取得年月	取得価額	減価償却方法	耐用年数	経過年数
A建物	平成6年4月	300,000千円	旧定額法	50年	23年
B建物	平成11年4月	100,000千円	旧定額法	50年	18年
C建物	平成24年4月	600,000千円	定額法	47年	5年

（当会計年度は平成28年4月1日から平成29年3月31日とする。）

（1）A建物の減価償却累計額
　　（300,000千円×0.9×0.020）×23年＝124,200千円
（2）B建物の減価償却累計額
　　（100,000千円×0.9×0.020）×18年＝32,400千円
（3）C建物の減価償却累計額
　　（600,000千円×0.022）×5年＝66,000千円

（ハ）耐用年数

　建物の減価償却の計算に当たって必要となる耐用年数は，原則として「減価償却資産の耐用年数等に関する省令」（昭和40年大蔵省令第15号）（以下，「耐用年数省令」と称します。）によるものとされています。

　この耐用年数省令では，建物の耐用年数が，構造又は用途ごとに定められています。耐用年数省令につきましては，こちらのページ（http://law.e-gov.go.jp/htmldata/S40/S40F03401000015.html）をご参照ください。

（ニ）建設単価等上昇率

　ⅰ　意義

　建設単価等上昇率とは，物価上昇率に相当するものです。バブル経済崩壊後，我が国はデフレ傾向にありましたが，この平成不況時を除くと，物価は概ね上昇しています。社会福祉法人において，減価償却によって累積される減価償却累計額は，建替のために内部留保した費用といえますが，この費用は建設時の水準であるため，建替時には物価上昇が生じた分，建替のための費用が不足することになります。

　そこで，社会福祉充実残額を計算する会計年度の物価水準に応じた建替

費用を計算するため，減価償却累計額に建設単価等上昇率を乗じているわけです。

　ⅱ　計算方法

　建設単価等上昇率については，国土交通省が公表する建設工事費デフレーターによる上昇率又は次の計算式による割合のいずれか高い割合により算定することとされています。

(計算式)

> 250,000÷当該建物の建設時における1㎡当たりの建設単価（当該建物の建設時の取得価額÷当該建物の建設時における延べ床面積）
> 　　　　　　　　　　　　　　　　（小数点第4位を四捨五入する）

　この計算式に記載されているように，この式の分母にあたる「当該建物の建設時における1㎡当たりの建設単価」は，当該建物の建設時の取得価額÷当該建物の建設時における延べ床面積によって計算します。

　そのため，（ⅰ）当該建物の建設時の取得価額と（ⅱ）当該建物の建設時における延べ床面積を把握しておく必要があります。

（ⅰ）当該建物の建設時の取得価額については，固定資産管理ソフトを使用されている場合は，取得価額のデータが入力されているはずですので，その数値を使用すれば問題ありません。

（ⅱ）当該建物の建設時における延べ床面積については，まず「建設時」ということなので，その後の増床分は含みません。次に，延べ床面積ですが，これは不動産登記に係る全部事項証明書の表題部に床面積が記載されています。したがって，計算を確実に行うために，いったん直近の全部事項証明書を入手して，床面積を把握しておく必要があります。

　なお，国土交通省が公表する建設工事費デフレーターによる上昇率は以下のとおりです。

【図表3-08】
(参考)建設工事費デフレーターによる上昇率の推移

年度	建設工事費デフレーター（建設総合指数）	2015年と比較した伸び率
1960以前	21.0	5.206
1961	23.2	4.707
1962	23.7	4.611
1963	24.4	4.483
1964	25.4	4.295
1965	26.2	4.169
1966	28.1	3.882
1967	29.8	3.668
1968	30.8	3.541
1969	32.8	3.332
1970	34.9	3.131
1971	35.4	3.087
1972	38.6	2.831
1973	48.7	2.241
1974	57.8	1.889
1975	58.5	1.867
1976	63.3	1.725
1977	66.0	1.654
1978	69.6	1.569
1979	77.1	1.416
1980	84.1	1.298
1981	84.4	1.294
1982	84.7	1.290
1983	84.7	1.290
1984	86.5	1.262
1985	86.1	1.268
1986	85.5	1.276
1987	87.1	1.254
1988	88.7	1.231
1989	93.5	1.168

1990	96.7	1.130
1991	99.1	1.102
1992	100.4	1.087
1993	101.0	1.081
1994	101.4	1.077
1995	101.5	1.076
1996	101.8	1.073
1997	102.5	1.065
1998	100.5	1.086
1999	99.6	1.097
2000	99.8	1.094
2001	98.1	1.113
2002	97.1	1.124
2003	97.7	1.117
2004	98.8	1.105
2005	100.0	1.092
2006	102.0	1.071
2007	104.6	1.044
2008	107.9	1.012
2009	104.3	1.047
2010	104.6	1.044
2011	106.2	1.028
2012	104.5	1.045
2013	107.0	1.021
2014	109.8	0.995
2015以降	109.2	1.000

（例）2000年度に建設した建物の建設単価等上昇率は，1.094となる。

> **ポイント**
>
> **建設単価等上昇率**
> 　以下の①，②のうちいずれか高い割合を選択
> 　①　国土交通省が公表する建設工事費デフレーターによる上昇率
> 　②　250,000÷当該建物の建設時における１㎡当たりの建設単価（当該建物の建設時の取得価額÷当該建物の建設時における延べ床面積）（小数点第４位を四捨五入）

（ホ）自己資金比率

ⅰ　建設の場合

　原則として，一般的な自己資金比率は，現行制度においては22％とされています。

　ただし，現に社会福祉事業等に活用している建物について，建設時における自己資金比率が一般的な自己資金比率を上回る場合には，次の計算式により得た割合とすることができます。

> 当該建物の建設に係る自己資金額÷当該建物の建設時の取得価額（小数点第４位を四捨五入）

> **ポイント**
>
> **建設による場合**
> 【原則】　22％
> 【容認】　建設時における自己資金比率が22％を上回る場合，当該建物の建設に係る自己資金額÷当該建物の建設時の取得価額（小数点第４位を四捨五入）

ⅱ　取得の場合

　一方，既存建物を取得した場合については，当該建物の取得時における自己資金比率が，一般的な自己資金比率である22％以下である場合にあっては，一般的な自己資金比率である22％とすることができます。

　逆に，一般的な自己資金比率である22％を上回る場合にあっては当該建

物の取得時における自己資金比率とすることができます。

> **ポイント**
> 取得した場合
> ・当該建物の取得時における自己資金比率≦22%　の場合　→22%
> ・当該建物の取得時における自己資金比率＞22%　の場合
> 　　　　　　　　　　　→　当該建物の取得時における自己資金比率

　ⅲ　自己資金比率を考慮する理由

　建物等を建設するときには，自己資金のほか，補助金や借入金による資金も使用することが多いと考えられます。そのため，減価償却によって社会福祉法人内に内部留保された自己資金（減価償却累計額）は，建設時の自己資金，補助金，借入金によるものが含まれていると考えられます。また，建替時にも，自己資金のみならず補助金や借入金を使用することを前提とすると，社会福祉法人が再取得のために控除対象財産として保有すべき額は，減価償却累計額に一般的な自己資金比率を乗じた額が妥当と考えられるからです。

(3)　大規模修繕に必要な費用について

　①　原則

　建替までの大規模修繕に必要な費用については，原則として独立した建物ごとの減価償却累計額に30%を乗じて得た額から，過去の大規模修繕に係る実績額を控除し，これらを法人全体で合算して得た額とします。なお，この計算の結果が0未満となる場合については，0とします。

　計算式は以下のとおりです。

【計算式】

> （現在の建物に係る減価償却累計額×一般的な大規模修繕費用割合30%）－過去の修繕額

【図表3-09】減価償却累計額と自己資金比率との関係

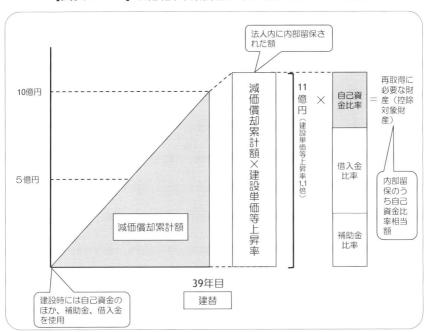

(第19回社会保障審議会福祉部会の資料をもとに作成)

② 例外

しかしながら、過去の修繕額を集計するとなると、過去のデータが残っていないこともありますので、集計は困難になると考えられます。

そこで、社会福祉充実計画の承認等に係る事務処理基準では、これまでの大規模修繕に係る実績額が不明な場合には、例外的に以下の計算式によることができるとしています。

実際の実務においては、この容認による計算が多くなると推測されます。

【計算式】

建物に係る減価償却累計額×30%×｛建物に係る貸借対照表価額÷(建物に係る貸借対照表価額＋建物に係る減価償却累計額)｝

(4) 設備・車両等の更新に必要な費用

　設備・車両等の更新に必要な費用については，財産目録において特定した建物以外の固定資産に係る減価償却累計額の合計額とします。

【図表3-10】財産目録の例

貸借対照表科目	場所・物量等	取得年度	使用目的等	取得価額	減価償却累計額	貸借対照表価額
（中略）						
車輌運搬具	○○他3台	平成28年4月1日	利用者送迎用	3,000,000	1,251,000	1,749,000
（中略）						

　　　　　　　　　　　　　　　ここの金額が対象となります

4．必要な運転資金
(1) 意義

　事務処理基準3（6）では，「必要な運転資金」として，「賞与の支払いや，突発的な建物の補修工事等の緊急的な支出等に備えるための最低限の手元流動資金」として，必要額を控除するとしています。

　控除対象財産は，事業継続に最低必要な財産を明確化することを目的として集計されるものですが，運転資金がなくなってしまうと，社会福祉法人の資金繰りが行き詰まりますので，控除対象財産として社会福祉充実残額を算出する際には，これを除くという趣旨です。

(2) 必要な運転資金の算出
　① 原則的な方法

　必要な運転資金は，年間事業活動支出の3月分とされています（事務処理基準3（2））。

　この年間事業活動支出の3月分は，法人単位の資金収支計算書における事業活動支出に12分の3を乗じて計算します。

【図表3-11】必要な運転資金の計算方法（原則的な方法）

資金収支計算書（法人単位）

勘定科目		予算	決算	差異	備考
事業活動による収支	収入	介護保険事業収入 老人福祉事業収入 　　　　⋮			
		事業活動収入計			
	支出	人件費支出 事業費支出 　　　　⋮			
		事業活動支出計	Ⓐ		
		事業活動資金収支差額			

年間事業活動支出の3月分＝Ⓐ×3／12

社会福祉充実計画の承認等に係る事務処理基準3（6）②の図を参考として作成

② 主として施設・事業所の経営を目的としていない法人等の特例

社会福祉法人において，主として施設・事業所の経営を目的としていない法人等であって，現に社会福祉事業等の用に供している土地・建物を所有していない，又は当該土地・建物の価額が著しく低い場合，控除対象財産については，特例的な取扱いとして，将来的な事業用土地・建物の取得も考慮し，【図表3-03】の社会福祉充実残額の算定式にかかわらず，年間事業活動支出全額を控除することができる，とされています。

ここで，「土地・建物の価額が著しく低い場合」とは，「再取得に必要な財産」の算定の結果と「必要な運転資金」の算定結果の合計額と年間事業活動支出（【図表3-11】の②のⒶ）とを比較して，当該合計額が年間事業活動支出を下回る場合をいいます。

なお、この特例計算の場合、【図表3-03】の③④の原則的な算定結果については、控除しないこと、とされています。

これは、このように社会福祉事業等の用に供している土地・建物を所有していない、又は当該土地・建物の価額が著しく低い社会福祉法人は、社会福祉充実残額の算定の際、「社会福祉法に基づく事業に活用している不動産等」及び「再取得に必要な財産」の控除が行われないため、社会福祉事業等の用に供している土地・建物を所有している社会福祉法人と比べると、控除対象財産が著しく少額となってしまうからです。すなわち、社会福祉事業等の用に供している土地・建物を所有していない社会福祉法人は、一般的に、社会福祉充実残額が大きくなってしまい、公平性を欠くことに

【図表3-12】主として施設・事業所の経営を目的としていない法人等の特例による計算方法

	資金収支計算書（法人単位）				
勘定科目		予算	決算	差異	備考
事業活動による収支	収入	介護保険事業収入 老人福祉事業収入 ⋮			
		事業活動収入計			
	支出	人件費支出 事業費支出 ⋮			
		事業活動支出計	Ⓐ		
	事業活動資金収支差額				

年間事業活動支出の1年分（Ⓐと同額）

社会福祉充実計画の承認等に係る事務処理基準3（6）②の図を参考として作成

なってしまうといえます。

そこで、主として施設・事業所の経営を目的としていない法人等であって、現に社会福祉事業等の用に供している土地・建物を所有していない、又は当該土地・建物の価額が著しく低い場合については、このような特例計算を設け、一定の配慮を行っています。

なお、「主として施設・事業所の経営を目的としていない法人等」という要件が定められていますので、この特例計算の対象となる社会福祉法人は、社会福祉協議会、共同募金会、助成等を主たる事業とする法人が想定されます。したがって、これら以外の通常の社会福祉法人においては、この特例計算の対象とはならないと考えられます。

5．社会福祉充実残額の計算過程に関する書類の保存

社会福祉充実残額の計算過程に関する書類については、毎会計年度における最初の日から10年間保存する、とされています（事務処理基準3(7)）。

ただし、社会福祉充実計画を策定する場合にあっては、当該計画の実施期間における各年度の当該書類については、計画の実施期間の満了の日から10年間保存するとされています。

この10年という期間ですが、社会福祉法人においては会計帳簿及びその事業に関する重要な資料を10年間保存しなければならないこととの平仄をあわせたためと考えられます（法45条の24②）。

【参考】

> 法45条の24②
> 　社会福祉法人は、会計帳簿の閉鎖の時から十年間、その会計帳簿及びその事業に関する重要な資料を保存しなければならない。

> Column　自己金融効果とは

　減価償却の自己金融効果とは，減価償却を行うことで，その減価償却費相当額の資金が法人内に留保されるというものです。その理由ですが，減価償却はキャッシュ・アウト・フローを伴わない費用であるため，キャッシュ・イン・フローを伴う収益が計上されれば，減価償却費を計上することで，減価償却費相当分のキャッシュ・イン・フローが内部に留保されるからです。

　これを株式会社の例を使った簡単な説例でみてみます。

【説例】

> A株式会社の第Ｘ１年度の収益と費用は以下のとおりであった。
>
> | 現金による売上 | 100 |
> |---|---|
> | 減価償却費 | 20 |
> | 純利益 | 80 |
>
> （注1）　利益はすべて株主へ配当するものとする。
> （注2）　税金は考慮しないものとする。

　売上はすべて現金で受け取っていますから100のキャッシュ・イン・フローが生じています。

　一方，減価償却費20はキャッシュ・アウト・フローを伴わない費用です。

　その結果，手元には100のキャッシュがあります。

　この100のキャッシュのうち，純利益である80はすべて株主に配当してしまいますから80は手元に残りません。したがって，100－80＝20が手元に残ります。

　この20が手元に残ったのは減価償却20を計上したからです。すなわち，キャッシュ・アウト・フローを伴わない費用を計上したため，損益計算上は20が引かれますが，純利益すべてを配当として社外に出しても，キャッシュベースでは20が残るということです。

　このように，減価償却費を計上することで，減価償却費相当分のキャッシュが内部留保されます。これが減価償却による自己金融効果です。

Column 必要な運転資金の範囲が決まるまで

　必要な運転資金をどの範囲にするかということについては，平成28年8月2日に行われた第18回社会保障審議会福祉部会では，「「年間事業活動支出の1月分」＋「事業未収入金」」という案が示されました。しかし，委員の一部に「1月分では短すぎるのでは」といった意見が出されました。

　これを受けるような形で，同年10月21日に開催された第5回社会福祉法人の財務規律の向上に係る検討会では，特に，措置費等対象施設における「必要な運転資金」の取扱いについて，「①小規模法人の場合，事業運営上の緊急的な支出を考慮すれば，1月分では必ずしもこれらを賄えない場合が生じ得る，②措置費等対象施設についても，自治体の措置費等の交付に係る運用によっては，事業未収金が発生し，実質的に2～3か月程度の運転資金が必要となる場合がある，③介護保険施設や障害者支援施設なども併せて実施する法人においては，それぞれの施設ごとに算定する必要が生じ，事務処理が煩雑となる」といった意見があることを踏まえて，年間事業活動支出の3月分としてはどうか，という案が出されました。

　結果として，必要な運転資金は「年間事業活動支出の3月分」となりましたが，ここに至るまでには，いろいろな議論が交わされたという背景があります。

第5節 社会福祉充実残額の活用法

1．社会福祉充実計画に位置づける事業の種類

　社会福祉法人は，社会福祉充実事業の規模及び内容を社会福祉充実計画に記載する必要があります（法55条の2④柱書，同条③ⅰ）。

　この社会福祉充実計画に記載する社会福祉充実事業の種類は3つあり，以下の順序でその実施について検討し，行う事業を記載しなければなりません（法55条の2④）。

【図表3-13】

第1順位	社会福祉事業又は公益事業（社会福祉事業に類する小規模事業）
第2順位	地域公益事業（日常生活又は社会生活上の支援を必要とする住民に対し，無料又は低額な料金で，その需要に応じた福祉サービスを提供する事業）
第3順位	公益事業

（厚生労働省　第5回社会福祉法人の財務規律の向上に係る検討会の資料より）

2．社会福祉充実事業の事業内容

　社会福祉充実計画に記載すべき社会福祉充実事業は，【図表3-13】に記載された社会福祉事業等について，既存事業のうち充実する部分と新規事業が対象となります。

　この社会福祉充実事業の事業内容については，法令上の定めはありません。したがって，社会福祉法人の任意となります。なお，厚生労働省の第19回社会保障審議会福祉部会の資料によれば，例として以下のものがあげ

られています。

- 職員の処遇改善を含む人材への投資
- サービスの質の向上につながる建物・設備の充実
- 地域のニーズに対応した新たなサービスの展開

また、第5回社会福祉法人の財務規律の向上に係る検討会の資料では、【図表3-13】に示した事業の優先順位ごとに以下の例が示されています。

【図表3-14】

第1順位	社会福祉事業又は公益事業（社会福祉事業に類する小規模事業）	・職員処遇の改善 ・新たな人材の雇入れ ・既存建物の建替 　　　　　　　　等
第2順位	地域公益事業（日常生活又は社会生活上の支援を必要する住民に対し、無料又は低額な料金で、その需要に応じた福祉サービスを提供する事業）	・単身高齢者の見守り ・制度の狭間に対応する包括的な相談支援 ・移動支援 　　　　　　　　等
第3順位	公益事業	・介護人材の養成事業 ・ケアマネジメント事業 ・配食事業 　　　　　　　　等

さらに、事務処理基準における社会福祉充実計画記載要領5では、さらに具体的に、以下の例が示されています。

【図表3-15】社会福祉充実事業の例

第1順位： 社会福祉事業	・社会福祉事業に従事する職員に対する給与等の増額，一時金の支給 ・社会福祉事業に従事する職員の資質向上のための研修費用の支給 ・サービスの質の向上のための新たな人材の雇入れ ・既存社会福祉事業の定員等の拡充に伴う人材の雇入れ，施設・設備整備 ・新規事業所開設に伴う人材の雇入れ，施設・設備整備 ・低所得者に対する低廉な住居の供給 ・低所得利用者に対する利用料の減免 等
第2順位： 地域公益事業	・様々なニーズに対応した分野横断的かつ包括的なワンストップ相談支援拠点の設置 ・現時点では自立している単身高齢者に対する見守り等その孤立死防止のための事業 ・公的サービスの利用ができない者に対するゴミ出しや買い物等の軽度日常生活支援 ・高齢者や障害者，子ども，地域住民等の共生の場づくり ・緊急一時的に支援が必要な者に対する宿所や食料の提供，資金の貸付け ・貧困家庭の子どもに対する奨学金の貸与と，自立に向けた継続的な相談支援 ・仕事と介護や子育ての両立に向けた支援 ・地域課題を踏まえた障害者等の職場づくり ・中山間地域等における移動困難者に対する移送支援 ・高齢者や障害者等に対する権利擁護支援 ・災害時要援護者に対する支援体制の構築 等
第3順位： その他公益事業	・公益事業に従事する職員に対する給与等の増額，一時金の支給 ・公益事業に従事する職員の資質向上のための研修費用の支給 ・サービスの質の向上のための新たな人材の雇入れ ・既存公益事業の定員等の拡充に伴う人材の雇入れ，施設・設備整備 ・新規事業所開設に伴う人材の雇入れ，施設・設備整備 等

これらはあくまで，例ですので，社会福祉法人の実情に応じた事業内容を策定することになります。ポイントとしては，事業内容は具体的なものとする点と実現可能なものにする点があげられます。

　以下では，【図表3-15】に記載した，事業の優先順位ごとに考えられる例をみていきたいと思います。

　なお，事務処理基準4（1）では，「社会福祉充実計画に位置付けるべき事業の検討に当たっては，将来的な福祉・介護人材の確保・定着を図る観点から，職員処遇の充実を進めていくことが重要であり，こうした事業の実施について可能な限り優先的に検討が行われることが望ましいこと。」と記載されています。

　p.83のColumn『「職員の処遇の改善を含む人材への投資」が意味するところ』にも記載しましたが，社会福祉充実残額の再投下においては，職員処遇の改善・充実を第一に考えていく必要があるといえます。

3．社会福祉事業又は公益事業（社会福祉事業に類する小規模事業）での再投下

　【図表3-15】に記載したように社会福祉事業又は公益事業（社会福祉事業に類する小規模事業）への再投下の例としては，社会福祉事業に従事する職員に対する給与等の増額，一時金の支給をはじめとして7項目が例示としてあがっています。そこで，ここでは，これらに係る具体例を考えてみます。

(1) 社会福祉事業に従事する職員に対する給与等の増額，一時金の支給

　社会福祉事業に従事する職員に対する給与等の増額，一時金の支給については，介護人員が不足するなか，これからの我が国の高齢化社会の担い手を確保するためにも重要です。介護を行う人々は，高齢化社会を支える重要な人材ですが，体力的・精神的にも労働負担が大きい職業であるにもかかわらず，多くの介護系社会福祉法人では，決して賃金は高いとはいえ

ません。そこで，介護に係る人材確保のために，給与のベースアップにより業務の満足度を高めていく必要があります。

(2) 社会福祉事業に従事する職員の資質向上のための研修費用の支給

社会福祉充実計画の承認等に係る事務処理基準の中の事業計画の例では，「職員育成事業」として「当法人の職員の資質向上を図るため，全国団体が実施する研修の受講費用を補助する。」という例をあげています。

このような研修のほか，介護福祉士などの資格取得のための受講費用の補助なども有効と考えられます。

(3) サービスの質の向上のための新たな人材の雇入れ

サービスの質の向上のための新たな人材の雇入れとは，現在行っているサービスをより良いものにするために，例えばそのサービスにおいて経験豊富な職員を採用することなどが考えられます。

(4) 既存社会福祉事業の定員等の拡充に伴う人材の雇入れ，施設・設備整備

既存社会福祉事業の定員等の拡充に伴う人材の雇入れとは，新規に職員を雇用し，社会福祉事業に携わる職員を増員することです。

人手が不足している社会福祉法人では，新たに職員を採用することは，既存の職員の負担を減らすことができます。このことで，既存の職員の退職を減らすことができ，人材の確保につなげることができます。

なお，人件費は費用の中で大きな割合を占めます。したがって，人を採用する場合，人件費が経営を圧迫しないように人員計画をしっかりとたてることが必要です。

次に，施設・設備整備とは，例えば，より一層の社会福祉サービスが提供できるような整備が想定されます。例としては，以下のものが考えられます。

　(イ) 建物の耐震工事
　(ロ) エレベーターがない建物でのエレベーターの設置

(ハ)　エレベーターの改良工事
　(ニ)　バリアフリーの設置ないし拡充
　(ホ)　防音の強化工事
　(ヘ)　移動入浴車の導入

(5)　**新規事業所開設に伴う人材の雇入れ，施設・設備整備**

　新規事業所開設に伴う人材の雇入れ，施設・設備整備とは，既存の社会福祉事業の中で，例えば新たな地域で事業を行うために事業所を開設する，あるいは，新たな社会福祉事業を開始するために事業所を開設するといったことが想定されます。

(6)　**例示以外に想定される事業**

　①　メンタルヘルスケアの充実

　メンタルヘルスケアの充実も職員処遇の改善の方法として有効と考えられます。

　特に介護現場での介護職は，人材不足の中，職員への加重な負担，不規則な勤務時間，職場の人間関係の悪化，高齢者や認知症の方との接し方がうまくいかない，といった様々な要因により，心のストレスを抱える人が多くなってきています。この心のストレスが，うつ病を引き起こしたり，場合によっては入居者への虐待を起こしたりすることもあります。また，心のストレスに耐えられず離職する人もいます。

　このような，心のストレスのケアは，介護人員の確保としても必要と考えられます。メンタルヘルスケアの方法としては，自法人内で，専門家の下で定期的にストレスチェックを実施する，産業医の支援を充実させる，といったことが考えられます。

　②　介護ロボットの導入

　介護ロボットの導入は，介護現場での人材不足をカバーするという点で有効と考えられます。

　例えば，介護の現場では，入居者をベッドからの移動の補助を行うこと

を続ける結果，腰痛を発症される介助者が増加しています。このような状況の下，介助者をアシストするパワースーツがあれば，介助者の負担を軽減できます。また，腰痛による休職や退職も少なくすることが期待されます。

　このような介護ロボットについては，厚生労働省も導入支援を行っています。

　以下は，厚生労働省による介護ロボット導入における費用助成の案内です。

【図表３-16】厚生労働省のホームページより

介護ロボット等導入支援特別事業（平成27年度補正予算）
　「介護従事者の負担軽減に資する介護ロボット導入促進事業」における支援対象介護ロボットの例示について
　【事業の概要】
　介護従事者の介護負担の軽減を図る取組が推進されるよう，事業者負担が大きい介護ロボットの導入を特別に支援するため，一定額以上（20万円超）の介護ロボットを介護保険施設・事業所へ導入する費用を助成する。
　【支援対象とする介護ロボット】
　支援対象とする「介護ロボット」とは，次の１から３の全ての要件を満たす介護ロボットであること。
１．目的要件
・日常生活支援における，ア）移乗介護，イ）移動支援，ウ）排泄支援，エ）見守り，オ）入浴支援のいずれかの場面において使用され，介護従事者の負担軽減効果のある介護ロボットであること。
２．技術的要件
　次のいずれかの要件を満たす介護ロボットであること。
・ロボット技術（※）を活用して，従来の機器ではできなかった優位性を発揮する介護ロボット
　　※　ア）センサー等により外界や自己の状況を認識し，イ）これによって得られた情報を解析し，ウ）その結果に応じた動作を行う介護ロボット

> ・経済産業省が行う「ロボット介護機器開発・導入促進事業」において採択された介護ロボット。(経済産業省ロボットポータルサイトにて例示されています。http://robotcare.jp/)
> 3．市場的要件
> ・販売価格が公表されており，一般に購入できる状態にあること。
>   以上の要件を満たす介護ロボットについては下記ポータルサイトに例示しておりますので参考にしてください。尚，リストはあくまでも例示であってこれに限定されるものではありません。

また，「介護ロボットポータルサイト」(http://robotcare.jp/) では8つの重点分野を定めています。

【図表3-17】介護ロボット8つの重点分野
(介護ロボットポータルサイトより)

移乗介助機器（装着型）	排泄支援機器入浴支援機器
移乗介助機器（非装着型）	入浴支援機器
移動支援機器（屋外型）	見守り支援機器（介護施設型）
移動支援機器（屋内型）	見守り支援機器（在宅介護型）

4．地域公益事業での再投下
(1) 地域公益事業の意義

　地域公益事業とは，日常生活又は社会生活上の支援を必要とする事業区域の住民に対し，無料又は低額な料金で，その需要に応じた福祉サービスを提供する事業です（法55条の2④ⅱ）。

　この地域公益事業は，法24条第2項に定める，いわゆる「地域公益活動」とは異なるという点に注意する必要があります。「地域公益活動」は，社会福祉事業及び公益事業を行うにあたり，日常生活又は社会生活上の支援を必要とする者に対して，無料又は低額な料金で，福祉サービスを積極的に提供するよう努めなければならない，として社会福祉法において社会福祉法人に義務づけられた活動です（法24条②）。

一方，地域公益事業は，社会福祉充実計画を作成するときに，社会福祉充実計画に位置づける事業として出てくる事業です。したがって，地域公益事業と地域公益活動は，名称は似ていますが，内容は全く異なるものです。

(2) **地域協議会について**

　地域公益事業を行う社会福祉充実計画の作成にあたっては，当該地域公益事業の内容及び事業区域における需要について，当該事業区域の住民その他の関係者の意見を聴かなければならない，とされています（法55条の2⑥）。

　住民その他の関係者の意見を聴かなければならないとされている理由は，各地域における福祉ニーズは異なることから，地域公益事業を行うにあたり，このような福祉ニーズに適切に応えられるようにするためです。

　そこで，このような住民その他の関係者の意見を公正中立に聴くことができるようにするため，各地域に地域協議会を設置することになりました。地域協議会は，可能な限り既存の会議体を活用するとされており，例えば社会福祉協議会における地域福祉活動支援計画策定委員会や，地域ケア会議，自立支援協議会などが想定されています（厚生労働省・第18回社会保障審議会福祉部会）。

(3) **再投下対象の例**

　【図表3-15】に記載したように，「様々なニーズに対応した分野横断的かつ包括的なワンストップ相談支援拠点の設置」，「現時点では自立している単身高齢者に対する見守り等その孤立死防止のための事業」などがあげられています。

　① 様々なニーズに対応した分野横断的かつ包括的なワンストップ相談支援拠点の設置

　「様々なニーズに対応した分野横断的かつ包括的なワンストップ相談支援拠点の設置」とは，制度の狭間に対応する包括的な相談支援を想定して

いると考えられます。

　ここで「制度の狭間」とは，様々な社会福祉ニーズや社会福祉に関する相談について，単独の相談機関では対応できない状況のことを指しています。以下，その背景を説明します。

　経済の発展と価値観の多様化により，我が国の生活形態は多様化・複雑化してきました。このようななか，福祉に対するニーズもこれに呼応するように多様化・複雑化してきました。そのため，従来のように単独の相談機関では十分に対応できない状況が多くなってきています。具体的には，1つの問題だけではなく複合的な問題を抱える要援護者が増加しているということです。

　例えば，平成28年1月20日に開催された厚生労働省・全国厚生労働関係部局長会議（厚生分科会）社会・援護局の資料では，支援対象者として「要介護高齢者の親と，無職でひきこもり状態にある子どもとが同居している世帯」，「医療・就労ニーズを抱えたがん患者と，障害児が同居している世帯」，「共働きの世帯であって，親の介護と子育てを同時に抱えている世帯」，「障害者手帳を取得していないが，障害が疑われる者」等を想定しているとしています。

　このように単独の相談機関では対応できない状況は，「制度の狭間」と呼ばれています。

　この「制度の狭間」の課題を解決するために，厚生労働省では「地域における包括的な相談支援システムの構築」として自立相談支援事業等の地域の中核的な相談機関を設置し，これを都道府県や市町村が民間に委託するという構想を公表しています。

　民間委託の具体的な内容としては「事業の進捗管理と関係機関の連携体制の構築を支援」としています。

　この構想は，役所の問題点である「縦割り」を克服するために，横のつながりを構築していこうとするものです。すなわち，各機関が様々な情報

【図表3-18】「制度の狭間」問題

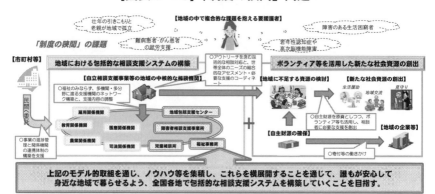

(平成28年1月20日開催　厚生労働省・全国厚生労働関係部局長会議資料（厚生分科会）社会・援護局の資料より)

とノウハウを共有することで，複合的な福祉問題に柔軟に対応していこうとするものといえます。

② 現時点では自立している単身高齢者に対する見守り等，その孤立死防止のための事業

単身高齢者は，自宅に住んでいるものの，周囲に生活の支援を行う人や健康状態をチェックする人がいないため，食事を含めた生活の困難化や健康状態の悪化に誰も気づかないといったリスクがあります。近年は，高齢化社会・核家族化が進むなか，単身高齢者の「孤独死」が増加し，社会問題化しています。

このような孤独死といった悲劇を招かないようにするためには，地域住民がネットワークを組み，単身高齢者に対するふれあいを増やして，単身高齢者の孤立化を防止していくことが重要です。

例えば，地域の単身高齢者への定期的な訪問，買い物支援活動，日用品や食料の配給サービスなどが考えられます。また，地域の老人会への支援活動も有効と考えられます。

近年では,電気ポットを使った安否確認なども行われていますが,IoT（Internet of Things）を利用した高度な安否確認システムの構築や運用支援も考えられます。

【図表3-19】単身高齢者の見守りの例

- 地域の単身高齢者への定期的な訪問
- 買い物支援活動
- 日用品や食料の配給サービス
- IoTを利用した安否確認システムの構築・運用支援

③ 障がい者に対する移動支援

「移動支援」とは,障がい者等であって,市町村が外出時に移動の支援が必要と認めた者を対象に,社会生活上必要な外出及び余暇活動等の社会参加のための外出の際の移動を支援するものです。

実施方法としては,個別支援(個別的支援が必要な者に対するマンツーマンによる支援),グループ支援(複数の障がい者等への同時支援や屋外でのグループワーク,同一目的地・同一イベントへの複数人同時参加の際の支援),車両支援(福祉バス等車両の巡回による送迎支援や駅等の経路を定めた運行,各種行事の参加のための運行等)があげられます。

社会福祉充実残額の再投下の対象としては,例えば,福祉バス等の車両の取得と運行などが考えられます。この場合,福祉バスの取得に要する額,車両運転手の賃金,福祉バスの燃料費,修繕費などが必要な資金となってくると考えられます。

Column 「職員の処遇の改善を含む人材への投資」が意味するところ

「職員の処遇改善を含む人材への投資」は,社会福祉充実残額の再投下対象となる社会福祉充実事業の中では重要な論点と考えられます。特に,高齢化社会が進む我が国では,老人介護の分野で人材不足が生じています。その結果,既存の職員には負担がかかることが多くなっています。

一方で，職員の賃金の水準は高いとはいえません。そのため，このままでは高齢化社会を支える担い手が不足するおそれがあります。したがって，介護の人材を確保し，拡大していくためにも職員の処遇改善を含む人材への投資は，ますます重要性を増すものと考えられます。

　第１順位である社会福祉事業での事業例として，人材投資に関する例が最初に記載されているのも，その反映と考えられます。

【図表３-20】

（参考資料）社会福祉法人制度改革の施行に向けた全国担当者説明会資料
（平成28年11月28日　厚生労働省社会・援護局福祉基盤課）

「社会福祉充実財産」等を活用して職員処遇の改善を行う場合に参考となる賃金水準について

○　今後の少子高齢化の一層の進行を踏まえれば、福祉・介護人材の確保を着実に進めていく必要があるが、そのためには、現に福祉・介護分野で働く職員の処遇を改善し、これらの者が将来に希望を持って、福祉・介護の仕事を継続できるようにしていくことが重要。

○　このための一つの方策として、今般の改正社会福祉法による「社会福祉充実財産」を活用し、職員処遇の改善の取組を進めていくことが考えられる。

○　その際、改正社会福祉法の成立に当たっては、以下の附帯決議がなされていることから、別添のとおり、各都道府県別の賃金水準をお示しするので、所轄庁におかれては、社会福祉法人に対して、これらの賃金水準を踏まえた職員処遇の改善の重要性について理解が促されるよう、周知をお願いしたい。

【平成２７年７月衆議院厚生労働委員会社会福祉法等の一部を改正する法律案に対する附帯決議（抄）】

二　いわゆる内部留保の一部とされる「社会福祉充実残額」を保有する社会福祉法人が、社会福祉充実計画を作成するに当たっては、他産業の民間企業の従業員の賃金等の水準を踏まえ、社会福祉事業を担う人材の適切な処遇の確保に配慮することの重要性の周知を徹底すること。

【平成２８年３月参議院厚生労働委員会社会福祉法等の一部を改正する法律案に対する附帯決議（抄）】

三　（前略）また、政府統計等により把握される他産業の民間企業の従業員の賃金等の水準を所轄庁から所管法人に示すよう要請することにより、「社会福祉充実残額」を保有する社会福祉法人が社会福祉充実計画を作成するに当たって、当該賃金等の水準を斟酌した上で、社会福祉事業を担う人材の適切な処遇が確保されていることを確認することの重要性の周知を徹底すること。

（都道府県・業種別賃金水準の一覧表は下記HPの123～124頁参照。http://www.mhlw.go.jp/file/06-Seisakujouhou-12000000-Shakaiengokyoku-Shakai/0000144140.pdf）

第6節 社会福祉充実計画の作成

1．社会福祉充実計画に記載すべき内容

社会福祉充実計画に記載すべき内容は，社会福祉充実計画の承認等に係る事務処理基準によれば，以下のとおりです。

① 既存事業の充実又は新規事業（社会福祉充実事業）の規模及び内容
② 事業区域
③ 社会福祉充実事業の事業費
④ 社会福祉充実残額
⑤ 計画の実施期間
⑥ 法人名，法人の所在地，連絡先等の基本情報
⑦ 社会福祉充実残額の使途に関する検討結果
⑧ 資金計画
⑨ 公認会計士・税理士等からの意見聴取年月日
⑩ 地域協議会等の意見の反映状況
（地域公益事業を実施する場合に限る。）
⑪ 計画の実施期間が5か年度を超える理由等

なお，社会福祉充実計画の様式では

1．基本的事項
2．事業計画
3．社会福祉充実残額の使途に関する検討結果
4．資金計画
5．事業の詳細
6．社会福祉充実残額の全額を活用しない又は計画の実施期間が5か年度を超える理由

という6項目に分かれています。

以下では，この6項目について留意点を見ていきます。

2. 社会福祉充実計画の様式に基づく記載事項

(1) 基本的事項

【図表3-21】社会福祉充実計画記載例より

法人名	社会福祉法人社会・援護会	法人番号	0123456789123
法人代表者氏名	福祉　太郎		
法人の主たる所在地	東京都千代田区霞が関1－2－2		
連絡先	03－3595－2616		

② 地域住民その他の関係者への意見聴取年月日：平成29年6月10日

① 公認会計士、税理士等の意見聴取年月日：平成29年6月13日

③ 評議員会の承認年月日：平成29年6月29日

④ 会計年度別の社会福祉充実残額の推移（単位：千円）

	残額総額（平成28年度末現在）	1か年度目（平成29年度末現在）	2か年度目（平成30年度末現在）	3か年度目（平成31年度末現在）	4か年度目（平成32年度末現在）	5か年度目（平成33年度末現在）	合計	社会福祉充実事業未充当額
	100,000千円	76,000千円	57,000千円	38,000千円	19,000千円	0千円		0千円
うち社会福祉充実事業費（単位：千円）		▲24,000千円	▲19,000千円	▲19,000千円	▲19,000千円	▲19,000千円	▲100,000千円	

⑤ 本計画の対象期間：平成29年8月1日～平成34年3月31日

① 公認会計士，税理士等の意見聴取年月日

公認会計士，税理士等の意見聴取年月日は，監事監査報告書の作成年月日以降とすることが基本とされています。

監事監査報告書の作成年月日と比較して，この意見聴取日が監事監査報告書の作成年月日よりも後の記載となっているかどうかをチェックする必要があります。

② 地域住民その他の関係者への意見聴取年月日

第2順位である地域公益事業を実施する場合，以下について地域協議会への意見聴取を行わなければなりません（法55条の2⑥）。

（ア）地域の福祉課題
（イ）地域に求められる福祉サービスの内容
（ウ）自ら取り組もうとしている地域公益事業に対する意見
（エ）関係機関との連携

この地域協議会への意見聴取を行った日については，地域協議会の開催日などの日を記載します。

③ 評議員会の承認年月日

社会福祉充実計画は評議員会の承認が必要です（法55条の2⑦）。

社会福祉充実計画の承認申請期日は，6月末日までですので，6月30日以前の日付を記載することになります。

④ 会計年度別の社会福祉充実残額の推移

社会福祉充実残額の総額（確定額）を残額総額欄に記載します。

次に計画実施期間における社会福祉充実事業費に係る支出予定額を記載します。この支出予定額には数値の前に負数を意味する▲を付します。そして，計画実施機関における社会福祉充実残額の推移（見込額）を記載します。この金額は社会福祉充実残額の総額からスタートして，前年の社会福祉充実残額から社会福祉充実事業費を控除した残額が記載されます。

例えば，1年目（平成29年度末現在）の社会福祉充実残額の見込額は，平成28年度末における社会福祉充実残額総額100,000千円から平成29年度の社会福祉充実事業費24,000千円を控除した額である76,000千円を記載します。

後の年度も同様の手順で計算します。

そして，原則として，社会福祉充実計画を算定した会計年度の翌会計年度から5か年度以内の範囲で，社会福祉充実残額が0円となるようにしま

【図表3-22】社会福祉充実残額の推移

> 原則として5か年度以内で0円となるようにします。

会計年度別の社会福祉充実残額の推移（単位：千円）	残額総額（平成28年度末現在）	1か年度目（平成29年度末現在）	2か年度目（平成30年度末現在）	3か年度目（平成31年度末現在）	4か年度目（平成32年度末現在）	5か年度目（平成33年度末現在）	合計	社会福祉充実事業未充当額
	100,000千円	76,000千円	57,000千円	38,000千円	19,000千円	0千円		0千円
うち社会福祉充実事業費（単位：千円）		▲24,000千円	▲19,000千円	▲19,000千円	▲19,000千円	▲19,000千円	▲100,000千円	

> 残額総額100,000千円から事業費24,000千円を控除した額です。

> この欄に数値が記載される場合は、「6．社会福祉充実残額の全額を活用しない又は計画の実施期間が5か年度を超える理由」に理由を記載します。

す。

⑤　本計画の対象期間

　開始する年月日は，所轄庁による承認見込日以降とします。

　所轄庁への承認申請日は毎期6月30日までとなっていますので，建前では7月1日以後となりますが，実務上，所轄庁が社会福祉充実計画の内容をチェックして承認するまでには一定の期間がかかります。

　記載例では平成29年8月1日が開始日となっており，期限日から約1か月後が開始日となっていますが，この程度の期間をあけるほうがよいでしょう。

　なお，下記（2）に記載しているように，社会福祉充実計画の開始年月日は必ずしも，平成29年度から開始しなければいけないわけではありませ

ん。例えば，平成30年度から開始するということも可能です。

　例えば，平成30年度から開始する場合，本計画の対象期間の始期を「平成30年4月1日」と記載します。

　⑥　社会福祉充実事業に活用する社会福祉充実残額の範囲の特例

　事務処理基準4（5）によれば，合理的な理由があると認められる場合には，当該理由を計画に記載した上で，社会福祉充実残額の概ね2分の1以上を社会福祉充実事業に充てることを内容とする計画を策定することができる，とされています。

　合理的な理由の例としては，地域の福祉ニーズを踏まえた事業規模からして，社会福祉充実残額の全額を計画実施期間内に費消することが困難な場合などがあげられています。これは，例えば，過疎地など人口が少ない地域における場合などが想定されます。人口自体が少なく，さらに高齢者人口も少ない場合，高齢者向けの社会福祉事業や地域公益事業を行ったとしても，ニーズが小さいので，社会福祉充実残額を5か年度以内に費消することが困難となる場合も考えられます。このような場合は，特例による社会福祉充実計画を策定できます。ただし，その社会福祉法人が合理的と考えている理由が，所轄庁に認められるとは限らないので，事前に相談するほうがよいでしょう。

(2)　事業計画

　社会福祉充実計画は，原則として，社会福祉充実残額を算定した会計年度の翌会計年度から5か年度以内の範囲で，計画策定段階における社会福祉充実残額の全額について，一又は複数の社会福祉充実事業を実施するための内容とするとされています（事務処理基準4（4））。

【図表3-23】事務処理基準による例

実施時期	事業名	事業種別	既存・新規の別	事業概要	施設整備の有無	事業費
1か年度目	職員育成事業	社会福祉事業	既存	当法人の職員の資質向上を図るため、全国団体が実施する研修の受講費用を補助する。	無	5,000千円
	単身高齢者のくらしの安心確保事業	地域公益事業	新規	当法人の訪問介護員が要介護認定を受けていない単身高齢者宅を週に2回訪問し、社協等と連携しながら、日常生活上の見守りや相談支援、生活援助を行う。	無	19,000千円
	小計					24,000千円
2か年度目	職員育成事業	社会福祉事業	既存	当法人の職員の資質向上を図るため、全国団体が実施する研修の受講費用を補助する。	無	5,000千円
	単身高齢者のくらしの安心確保事業	地域公益事業	新規	当法人の訪問介護員が要介護認定を受けていない単身高齢者宅を週に2回訪問し、社協等と連携しながら、日常生活上の見守りや相談支援、生活援助を行う。	無	14,000千円
	小計					19,000千円

3か年度目	職員育成事業	社会福祉事業	既存	当法人の職員の資質向上を図るため，全国団体が実施する研修の受講費用を補助する。	無	5,000千円
	単身高齢者のくらしの安心確保事業	地域公益事業	新規	当法人の訪問介護員が要介護認定を受けていない単身高齢者宅を週に2回訪問し，社協等と連携しながら，日常生活上の見守りや相談支援，生活援助を行う。	無	14,000千円
小計						19,000千円
4か年度目	職員育成事業	社会福祉事業	既存	当法人の職員の資質向上を図るため，全国団体が実施する研修の受講費用を補助する。	無	5,000千円
	単身高齢者のくらしの安心確保事業	地域公益事業	新規	当法人の訪問介護員が要介護認定を受けていない単身高齢者宅を週に2回訪問し，社協等と連携しながら，日常生活上の見守りや相談支援，生活援助を行う。	無	14,000千円
小計						19,000千円
5か年度目	職員育成事業	社会福祉事業	既存	当法人の職員の資質向上を図るため，全国団体が実施する研修の受講費用を補助する。	無	5,000千円

単身高齢者のくらしの安心確保事業	地域公益事業	新規	当法人の訪問介護員が要介護認定を受けていない単身高齢者宅を週に2回訪問し，社協等と連携しながら，日常生活上の見守りや相談支援，生活援助を行う。	無	14,000千円
小計					19,000 千円
合計					100,000千円

※欄が不足する場合は適宜追加すること。

　なお，合理的な理由がある場合は，その実施期間を10か年度以内とすることができます。

　事務処理基準では，以下の4つを例示列挙しています。

> ①　社会福祉充実残額が多額であるため，5か年度の計画の実施期間内に事業を完了することが非効率かつ困難であること。
> ②　地域の福祉ニーズを踏まえた事業規模からして，社会福祉充実残額の全額を計画実施期間内に費消することが困難であること。
> ③　計画の実施期間満了後に新規の事業拡大，既存建物の建替等を予定しており，当該期間内に全額を活用することが合理的ではないこと。
> ④　介護保険事業計画等との整合性から，5か年度の計画の実施期間内に定員数の拡充等が困難であること。

　ただし，このような「合理的な理由」については，通常，よほどの理由がないと所轄庁からは認められないものとみるほうがよいと考えられます。事務処理基準では「合理的な理由」とは，「漫然と社会福祉充実残額の一部を社会福祉充実事業に充当せず，又は計画の実施期間を延長することは認められないこと」とされています。

　このような場合，社会福祉法人側では合理的な理由があると考えていても，所轄庁側では合理的な理由とは認めない，という双方の考えの乖離が

発生することがよくあります。

そこで，対策としては，上記①～④のほか，社会福祉法人側で合理的な理由があると判断した場合，承認申請期日以前に，所轄庁に相談することが望まれます。いわば，事前の根回しです。

特に上記の①のように明確な数値基準がない場合，どの程度までが合理的ではないのかがはっきりとわかりません。そこで，事前に所轄庁に相談して，概ねどの程度以上がここでいう「社会福祉充実残額の規模」を指しているのかを，感覚的につかんでおくとよいと考えられます。したがって，このような相談は早期に行うことが望まれます。6月の段階だと，もし合理的とは認められないことがわかった場合，社会福祉充実計画を再作成しなければならなくなりますが，この時点では再作成の時間が足りなくなるおそれがあるからです。

また，③についても，「明確な事業計画が定まっている場合」ということですので，単に，5か年度の計画実施期間経過後に事業拡大や既存建物の建替などを行うという構想があるだけでは不十分と解されます。この場合，相当程度の確実性が求められると考えてよいでしょう。そうしないと，恣意性が介入し，いくらでも実施期間を最長10年に延ばすことができてしまうからです。

(3) 社会福祉充実残額の使途に関する検討結果

「検討結果」欄には，それぞれの項目ごとに社会福祉充実残額を活用する又は活用しない理由を記載します。

【図表3-24】 事務処理基準の記載例による「社会福祉充実残額の使途に関する検討結果」

検討順	検討結果
① 社会福祉事業及び公益事業（小規模事業）	重度利用者の増加を踏まえ，職員の資質向上を図る必要性があるため，職員の資格取得を支援する取組を行うこととした。
② 地域公益事業	当法人が行う地域包括支援センターなどに寄せられる住民の意見の中で，孤立死防止の観点から，日常生活上の見守りや生活支援に対するニーズが強かったため，こうした支援を行う取組を行うこととした。
③ ①及び②以外の公益事業	①及び②の取組を実施する結果，残額は生じないため，実施はしない。

(4) 資金計画

　資金計画については，記載例に掲載されているフォームの各欄に数値を記載します。

　その他の欄については，「寄付金その他の利用料収入等が想定し得る」とされています。

　なお，事業費については，「2．事業計画」に記載した事業費の数値と「5．事業の詳細」の事業費積算（概算）に記載した数値が整合する必要があります。

　この点について，説明した表が，以下の【図表3-25】です。

　この表のように，「4．資金計画」に記載した事業費は，「2．事業計画」及び「5．事業の詳細」に記載した事業費と一致する必要があります。

　詳しくみていくと，まず「2．事業計画」の「職員育成事業」にも事業費を記載する欄があります。この欄には1年目の事業費として5,000千円と記載されています。また，「5．事業の詳細」の「職員育成事業」においても「事業費積算（概算）」という欄に「50万円×職員10人（単年度）×5か年＝2,500万円」という記載があります。このうち，「50万円×職員

第3章 社会福祉充実計画　95

【図表3-25】資金計画と事業計画，事業の詳細との整合性

4．資金計画（一部を抜粋）

事業名	事業費内訳		1か年度目	2か年度目	3か年度目	4か年度目	5か年度目	合計
職員育成事業	計画の実施期間における事業費合計		5,000千円	5,000千円	5,000千円	5,000千円	5,000千円	25,000千円
	財源構成	社会福祉充実残額	5,000千円	5,000千円	5,000千円	5,000千円	5,000千円	25,000千円
		補助金						
		借入金						
		事業収益						
		その他						

2．事業計画（一部を抜粋）

実施時期	事業名	事業種別	既存・新規の別	事業概要	施設の有無	事業費
1か年度目	職員育成事業	社会福祉事業	既存	当法人の職員の資質向上を図るため、全国団体が実施する研修の受講費用を補助する。	無	5,000千円

5．事業の詳細（一部を抜粋）

事業費積算（概算）	50万円×職員10人（単年度）×5か年＝2,500万円
	合計　25,000千円（うち社会福祉充実残額相当額25,000千円）

（記載例による「資金計画」，「事業計画」，「事業の詳細」に一部加筆）

10人（単年度）」は5,000千円となります。これは各会計年度における事業費の額です。

　以上より，「2．事業計画」及び「5．事業の詳細」においては，1年目の事業費として5,000千円が計上されています。

　従って，「4．資金計画」の事業費欄においても1年目の事業費は5,000千円が記載される必要があります。

　なお，「記載例」では「千円単位」と「万単位」が混在した書き方になっていますが，どちらかに統一するほうがよいでしょう。一般的には「千円単位」で表現することが多いので「千円単位」とするほうがよいでしょう。

(5) 事業の詳細

　事業の詳細には事業名，事業の実施時期，事業の実施スケジュールなどを記載します。事務処理基準の記載例は【図表３-26】のとおりです。

【図表３-26】記載例による事業の詳細
５．事業の詳細

事業名	職員育成事業	
主な対象者	当法人に在籍５年以上の職員	
想定される対象者数	50人	
事業の実施地域	―	
事業の実施時期	平成29年８月１日～平成34年３月３１日	
事業内容	当法人の職員の資質向上を図るため，全国団体が実施する研修の受講費用を補助する。	
事業の実施スケジュール	１か年度目	職員10人を対象に費用助成を実施。
	２か年度目	職員10人を対象に費用助成を実施。
	３か年度目	職員10人を対象に費用助成を実施。
	４か年度目	職員10人を対象に費用助成を実施。
	５か年度目	職員10人を対象に費用助成を実施。
事業費積算（概算）	50万円×職員10人（単年度）×５か年＝2,500万円	
	合計	25,000千円（うち社会福祉充実残額充当額25,000千円）
地域協議会等の意見とその反映状況	―	

第3章 社会福祉充実計画

事業名	単身高齢者のくらしの安心確保事業	
主な対象者	千代田区内在住の介護保険サービスを受けていない単身高齢者	
想定される対象者数	1,000人	
事業の実施地域	千代田区内	
事業の実施時期	平成29年8月1日～平成34年3月31日	
事業内容	当法人の訪問介護員が要介護認定を受けていない単身高齢者宅を週に2回訪問し，社協等と連携しながら，日常生活上の見守りや相談支援，生活援助を行う。	
事業の実施スケジュール	1か年度目	・社協等と連携し，事業の実施体制，対象者の要件等を検討。 ・事業の利用希望者の募集
	2か年度目	・利用者に対する支援の実施
	3か年度目	・利用者に対する支援の実施
	4か年度目	・利用者に対する支援の実施
	5か年度目	・利用者に対する支援の実施 ・地域支援事業等へのつなぎ
事業費積算 （概算）	人件費800万円（単年度）×5か年＝4,000万円 旅費200万円（単年度）×5か年＝1,000万円 賃料100万円（単年度）×5か年＝500万円 光熱水費20万円（単年度）×5か年＝100万円 その他事業費280万円（単年度）×5か年＝1,400万円 初度設備購入費500万円	
	合計	75,000千円（うち社会福祉充実残額充当額75,000千円）
地域協議会等の意見とその反映状況	単身高齢者に対する必要な支援として，ゴミ出しや買物など，日常生活上の生活援助に対するニーズが強かったため，事業内容に反映した。	

※本計画において複数の事業を行う場合は，2．事業計画に記載する事業の種類ごとに「事業の詳細」を作成すること。

(6) 社会福祉充実残額の全額を活用しない又は計画の実施期間が5か年度を超える理由

　社会福祉充実残額の全額を活用しない場合とは，前述の2(1)⑥に記載したとおり，合理的な理由があると認められる場合には，社会福祉充実残額の2分の1以内を社会福祉充実事業に充てることを内容とする計画を策定することができる，とする場合です。この場合，その理由をこの欄に記載します。

　また，計画の実施期間が5か年度を超える場合とは，前述の2(2)に記載したとおり，合理的な理由があると認められる場合には，社会福祉充実計画の実施期間を10か年度以内とすることができる，とする場合です。この場合も同様に，その理由をこの欄に記載します。

3．社会福祉充実計画作成上の留意点
(1) 需要と供給の見通しとの整合性

　事務処理基準8では，承認申請により社会福祉充実計画を受理した所轄庁の確認事項が記載されています。

　この中に，以下の事項が記載されています。

（中略）
③　計画案の内容に，次に掲げる視点から著しく合理性を欠く内容が含まれていないか。
ア　社会福祉充実残額と事業の規模及び内容の整合性（法第55条の2第9項第1号）
イ　社会福祉事業が記載されている場合，**事業区域における需要・供給の見通しとの整合性**（法第55条の2第9項第2号）
ウ　地域公益事業が記載されている場合，**事業区域における需要・供給の見通しとの整合性**（法第55条の2第9項第3号）
（以下略）

（ゴシック体は筆者）

この中では，「事業区域における需要・供給の見通しとの整合性」が確認事項としてあげられています。
　すなわち，所轄庁はこの事項について確認を行うということなので，社会福祉充実計画作成においても，需要・供給の見通しと整合するようにしなければならないということです。
　では，この需要・供給の見通しとの整合性ですが，注意すべき点としては事業区域の人口のうち，対象となる高齢者，障がい者などの人口を超えていないか，といった点があげられると考えられます。
　例えば，事務処理基準で示されている「記載例」では，地域公益事業として「単身高齢者のくらしの安心確保事業」を行うとしています。そして，その想定される対象者を1,000人とし，事業の実施地域を千代田区内としています。

【記載例 「5．事業の詳細」より】

事業名	単身高齢者のくらしの安心確保事業
主な対象者	千代田区内在住の介護保険サービスを受けていない単身高齢者
想定される対象者数	1,000人
事業の実施地域	千代田区内
(以下，省略)	

　この場合，事業の実施地域が千代田区ですから，想定される対象者数が千代田区の人口のうち高齢者の人口以下でないと整合しません。また，高齢者を何歳以上と設定するかということも重要です。さらに，千代田区の高齢者のうち，その社会福祉法人のサービスを受けることを希望しているおおよその人数である必要があります。特に，他の社会福祉法人が同様の事業を行う場合，パイの取り合いになりますから，実際に自分のところがどのくらいの人に対してサービスを提供できるのか，ということも考慮す

る必要があるでしょう。

(2) 実現可能性

実現可能な計画を立てることも重要です。

事務処理基準8では，所轄庁の確認事項として，以下の事項が記載されています。

> ④ 計画案の内容が，申請時点における介護保険事業計画や障害福祉計画，子ども子育て支援事業計画等の行政計画との関係において，施設整備等の観点から実現不可能な内容となっていないか。

この確認事項は，行政計画との関係からみた実現可能性ですが，行政計画と関係がない事業であっても，実現可能性が高い社会福祉事業や地域公益事業を策定する必要があります。これは事務処理基準8の「ア 社会福祉充実残額と事業の規模及び内容の整合性（法第55条の2第9項第1号）」にも関係してくるところです。

実現可能性を図るには，既存事業の場合，過去の実績と照らし合わせて考慮することが必要と考えられます。事業の規模にもよりますが，過去の実績と大幅に乖離していると実現可能性に問題があるとみられるかもしれません。もちろん，将来予測として需要予測を行い，自法人のサービスがどの程度まで供給できるのかといった，一定のマーケティングリサーチを行うことも必要となってくるでしょう。

新規事業の場合は，過去のデータがないので予測が難しいかもしれませんが，この場合も，前述のように，需要予測と供給能力の検討といった，一定のマーケティングリサーチを行うことが必要と考えられます。

Column　社会福祉充実計画が原則5か年度以内となった理由

　社会福祉充実計画は，原則として，社会福祉充実残額を算定した会計年度の翌会計年度から5か年度以内の範囲で，社会福祉充実残額の全額を使い切るということになりました。また，合理的な理由があると認められる場合のみ，最長10か年度以内とすることができるとされました。

　この原則5か年度以内という年数ですが，厚生労働省からはその根拠は示されていません。

　社会福祉法人は，その行っている業種も様々ですし，地域性も異なります。そのため，私見では，その社会福祉法人に見合った年数で社会福祉充実計画を作成することが本来の在り方であると思います。

　ここで，先に行われた公益法人改革についてご紹介します。

　公益法人改革において，平成20年12月1日から平成25年11月30日までの5年の間に，明治29年以降存在した旧公益法人（特例民法法人）は，①公益法人への移行認定申請を行い新公益法人へ移行，②一般法人への移行認可申請を行い一般法人へ移行，③解散する，という3つの選択肢のうち，どれかを選択しなければならなくなりました。

　このうち，②の一般法人への移行を選択した旧公益法人（特例民法法人）は，一般法人認可後は公益目的の財産を費消するまで引き続き公益活動を実施する，ということになりました。理由は，それまで保有していた公益目的財産について，その使用に制限をかけないと，公益目的以外のことに使用されるおそれがあり，公益法人としての本来の目的を達成しないおそれがあるからです。

　そこで，このことを制度的に担保するため，一般法人は「公益目的支出計画」を作成し，毎事業年度，その実施状況の報告を行うことになりました。この公益目的支出計画には，「公益目的財産」と「公益目的支出の額」，「実施事業収入の額」などを記載します（認定法119条，認定法施行規則16条，17条）。

　そして，簡潔にいうと，この公益目的財産を，実施事業収入の額から公益目的支出の額との差額分を毎事業年度，控除していき，最終的に0円までにするとされました。

しかし，この公益目的支出計画は，社会福祉充実計画とは異なり，実施期間の年数は定められていませんでした。その結果，一般法人によっては，100年を超えるケースや，中には公益目的支出計画の終了年月日が「平成2420年3月31日」と終了までの期間が2000年を超える一般法人も出てきました。そして，信じがたいことかもしれませんが，このような，通常の観念からすると異常とも思えるこれらの年数であっても，移行認可申請が認可されました。

　このように，実施期間の上限を定めないと，2000年といった異常とも思える計画年数が計上されてしまう可能性があります。

　今回の社会福祉法人制度改革は，公益法人改革を参考として策定されたという背景があります。あくまで推測ですが，社会福祉充実計画が原則として5か年度以内の実施となったのは，このような一般法人の公益目的支出計画での前例があったからかもしれません。

第7節 月次決算の実施

1．決算見込みの重要性

　社会福祉充実残額が生じるため社会福祉充実計画を策定することになると予想される場合，2月から3月付近で決算見込みを行い，決算数値の着地点を予想することが重要です。

　理由は，社会福祉充実計画の承認申請は6月30日までなので，決算が確定してから初めて社会福祉充実残額があることがわかり，社会福祉充実計画を策定しようとすると，極めて時間が足りなくなると予想されるからです。

　そこで，2月から3月付近で決算見込みを行い，社会福祉充実残額の試算を行います。社会福祉充実残額が確実に生じないことが予想されれば，社会福祉充実計画の試作は不要です。逆に，社会福祉充実残額が生じることが予想されれば，社会福祉充実計画を試作する必要があります。すなわち，どの事業分野でどのような事業を行い，また毎期どの程度の事業費を計上し，原則5か年度以内に社会福祉充実残額をゼロとするのかといったプランをある程度策定しておくということです。

2．月次決算

　この決算見込みを行う場合，その前提となるのが月次決算です。

　月次決算は，月ごとに発生主義による会計処理に基づき，毎月の財政状態及び経営成績を明らかにするものです。これは，法令で定められているものではなく，社会福祉法人の内部で経営管理のために行うことが主な目

【図表3-27】決算見込みから承認申請までのスケジュール例

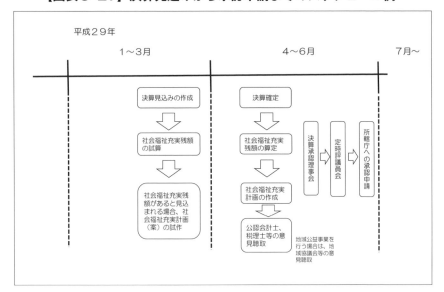

的です。

　月次決算では，翌月8～10営業日までに締めることが理想です。発生主義に基づきますから，未収となっている収益の認識や未払となっている経費などの費用の認識が必要となってきます。

　月次決算のポイントは，正確性よりもスピードを重視することです。もちろん，一定水準以上の正確性は必要ですが，正確性を追求するあまり，決算のスピードが遅れては意味がないということです。なぜならば，月次決算は，その月の財政状態や経営成績を明らかにして，毎月，経営者に報告し，経営管理に役立てることを目的としているからです。

　そのため，例えば，請求書の到着が遅れている取引先などがあった場合，一定の営業日を超えて到着した請求書については，費用計上しないというルールを設けてもかまいません。

　このような月次決算を毎月適切に行っていれば，決算見込みも行いやす

くなります。
　以下，簡単に月次決算時のポイントを記載します。

【月次決算のポイント例】

① 現金
　小口現金は毎日実査を行い，帳簿残高と突合する。

② 預金
　毎月，残高証明書を入手するか，残高証明書を入手していない場合，預金通帳の残高と帳簿残高を突合する。
　当座預金を使用している場合，未取付小切手や締後入金などにより帳簿残高と銀行残高とに差異が出ることがあるが，銀行勘定調整表を作成して再分析を行っておく。

③ 棚卸資産
　棚卸は原則として毎月末に行い，実際の残高と帳簿残高との際の有無を確かめる。差異が生じている場合は，差異分析を行う。

④ 売掛金
　売上は入金時ではなく，発生月に認識する。その月に財貨・サービスの提供があったうち，未収入となっているものは売掛金として認識する。そのため，財貨・サービスの提供状況を把握しておく。

⑤ 有形・無形固定資産
　有形・無形固定資産については，その会計年度の減価償却予定額を月割で毎月計上する。
　有形固定資産については，定期的に実査を行い，実在性をチェックする。
　無形固定資産についても，ソフトウェアなどは，実際に稼働させてみて，帳簿に計上されているソフトウェアが実際に存在するかどうかを確かめる。また，使用していないものについては，評価の妥当性について検討する。

⑥ 買掛金
　費用の認識基準（納品基準など）に従い，発生月に費用認識しているかどうかを確認する。納品書，請求書の日付を見て，財貨・サービスの提供がいつにあったのかを確かめる。

⑦ 借入金
　借入金管理表を作成し，返済予定額について1年基準が適用されて，適正に計上されているかどうかを確かめる。また支払利息についても発生主義により計上されているかどうかを確かめる。

> ⑧ 退職給付引当金
>   退職給付基準に従って，全従業員の退職給付予定額が適切に計上されているかどうかを，計算表により確かめる。
> ⑨ 賞与引当金
>   夏季賞与，冬季賞与が賞与基準に従って，適切に計上され，期間配分されていることを確かめる。

以上は，極めて簡単な例ですが，さらにチェックポイントを加えて，正確性とスピードを高めた月次決算を行われることが望まれます。

第8節 公認会計士・税理士等への意見聴取

1. 概要

社会福祉法人は，社会福祉充実計画の作成にあたっては，事業費及び社会福祉充実残額について，公認会計士，税理士，監査法人，税理士法人の意見を聴かなければならないとされています（法55条の2⑤，施行規則6条の17）。

公認会計士，税理士等が行う主な業務は，社会福祉充実残額の算定過程を中心とした確認です。

2. 公認会計士，税理士，監査法人，税理士法人の役割

事業費は，社会福祉充実事業（社会福祉事業，地域公益事業，公益事業に係る既存事業のうち充実する部分又は新規事業の実施）に要する費用の額をいいます（法55条の2③一及び三，四）。したがって，事業費は，いわば予算といえます。

また，社会福祉充実残額は，これまで述べたように，貸借対照表の資産から負債，基本金，国庫補助金等特別積立金を控除した額から控除対象財産を控除した残額をいいます。したがって，社会福祉充実残額は社会福祉法人が作成した貸借対照表及び財産目録を基礎に作成されます。

一方，公認会計士，税理士等は財務会計に関して専門的な知識を有する専門家です。そのため，計算書類等の数値に関しては高度な知見を有しています。したがって，事業費や社会福祉充実残額の数値の確認については，職業会計人である公認会計士，税理士等が行うことが適切といえるというわけです。

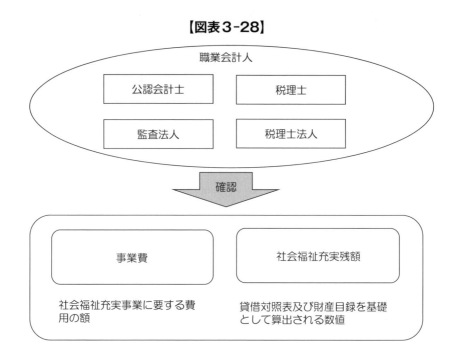

3．財務の専門家とは？

「専門家」という言葉は，公認会計士，税理士等への意見聴取におけるキーワードです。

事務処理基準5では，財務の専門家として，公認会計士，税理士のほか，監査法人，税理士法人をいうとしており，さらに，法人の会計監査人や顧問税理士，公認会計士，税理士の資格を保有する評議員，監事等（理事長を除く）であっても差し支えない，としています。なお，監事等の「等」は理事を指していると考えられます。

実際に，社会福祉法人の中には評議員，理事，監事に公認会計士，税理士が就任しているところがあります。この場合，前述のとおり，評議員，理事，監事に就任している公認会計士，税理士が，事業費及び社会福祉充実残額について確認しても差し支えありません。なぜならば，この事業費

及び社会福祉充実残額の意見聴取は，外部の独立的な第三者による意見を求めているのではなく，あくまでも「専門家」による意見が求められているからです。

したがって，評議員，理事，監事に就任している公認会計士や税理士，顧問契約などを締結している公認会計士・税理士・監査法人・税理士法人が確認を行うことは可能です。また，会計監査人である公認会計士や監査法人も確認を行うことは可能です。

この点は，第18回社会保障審議会福祉部会においても質疑応答が行われていました。これを受けた形で，平成28年8月22日に発出されたFAQでは以下のように記載されています。

【参考】
> 問35 社会福祉充実計画の確認は，法人の監事や業務委託先である公認会計士や税理士でも可能か。
> （答）
> 1．可能である。

（社会福祉法人制度改革に関するFAQより）

なお，社会福祉充実計画は所轄庁に申請しますが，所轄庁での計画の審査及び計画の承認において，所轄庁が公認会計士，税理士等に意見を聴くことは想定されていないとされています。

【参考】
> 問34 社会福祉充実計画の策定に当たって，公認会計士等の専門家の意見を聴くとされているが，所轄庁が認可するに当たっても，そのような手続きが必要となるのか。
> （答）
> 1．社会福祉充実計画の承認に当たって，所轄庁が改めて公認会計士等の専門家の意見を聴くことは想定していない。

（社会福祉法人制度改革に関するFAQより）

【図表3-29】社会福祉充実計画の作成から承認申請までの流れ

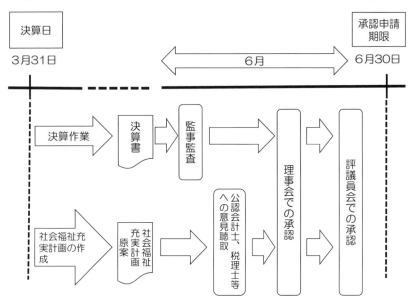

4．意見聴取のタイミング

　社会福祉充実計画は適正に作成された計算書類等に基づいて作成されます。

　そのため、社会福祉充実計画について公認会計士、税理士等からの意見聴取を行う時期としては、計算書類等の数値がある程度確定した時点で行うことが妥当と考えられます。

　この点について、「社会福祉充実計画の承認等に係る事務処理基準」では「監事監査の終了後とするなど、決算が明確となった段階で行うものとする。」という見解を示しています。

　なお、社会福祉充実計画の作成から承認申請までの流れは【図表3-29】のとおりです。

5．社会福祉充実計画原案に係る公認会計士等への意見聴取の内容

　社会福祉法人は，社会福祉充実計画原案を策定後，監事監査終了後など，決算が明確となった段階で，公認会計士又は税理士等への意見聴取を行う必要がありますが，その意見聴取の内容は以下のとおりです。

【図表3-30】公認会計士又は税理士等への意見聴取の内容

①　社会福祉充実残額の算定関係 　ア　社会福祉法に基づく事業に活用している不動産等に係る控除の有無の判定 　イ　社会福祉法に基づく事業に活用している不動産等の再計算 　ウ　再取得に必要な財産の再計算 　エ　必要な運転資金の再計算 　オ　社会福祉充実残額の再計算 ②　法人が行う社会福祉充実事業関係 　カ　事業費の再計算

(事務処理基準5より)

6．公認会計士，税理士等への意見聴取による確認書（手続実施結果報告書）の作成

　社会福祉法人は，公認会計士又は税理士等への意見聴取を行ったあと，その意見聴取の結果について，【図表3-31】に掲げる確認書を公認会計士又は税理士等に提出してもらう必要があります。

　なお，この確認書の交付日は，社会福祉充実残額を算定した会計年度に係る監事監査報告書の作成年月日以降を基本とすることとされています（事務処理基準5）。

　これは，監事監査報告書の作成年月日は，監事による会計監査が終了した日を示しますが，この時点で，計算書類等の数値が明確になるといえるからです。

【図表3-31】公認会計士，税理士等への意見聴取による確認書

手 続 実 施 結 果 報 告 書

平成　年　月　日

社会福祉法人〇〇
　理事長 〇〇〇〇 殿

確認者の名称　印

　私は，社会福祉法人〇〇（以下「法人」という。）からの依頼に基づき，「平成〇年度～平成〇年度社会福祉法人〇〇社会福祉充実計画」（以下「社会福祉充実計画」という。）の承認申請に関連して，社会福祉法第55条の2第5項により，以下の手続を実施した。

1．手続の目的

　私は，「社会福祉充実計画」に関して，本報告書の利用者が手続実施結果を以下の目的で利用することを想定し，「実施した手続」に記載された手続を実施した。

① 「社会福祉充実計画」における社会福祉充実残額が「社会福祉充実計画の承認等に係る事務処理基準」（以下「事務処理基準」という。）に照らして算出されているかどうかについて確かめること。

② 「社会福祉充実計画」における事業費が，「社会福祉充実計画」において整合しているかどうかについて確かめること。

2．実施した手続

① 社会福祉充実残額算定シートにおける社会福祉法に基づく事業に活用している不動産等に係る控除の有無の判定と事務処理基準を照合する。

② 社会福祉充実残額算定シートにおける社会福祉法に基づく事業に活用している不動産等について事務処理基準に従って再計算を行う。

③ 社会福祉充実残額算定シートにおける再取得に必要な財産について事務処理基準に従って再計算を行う。

④ 社会福祉充実残額算定シートにおける必要な運転資金について事務処理基準に従って再計算を行う。
⑤ 社会福祉充実残額算定シートにおける社会福祉充実残額について，再計算を行った上で，社会福祉充実計画における社会福祉充実残額と突合する。
⑥ 社会福祉充実計画における１，２，４及び５に記載される事業費について再計算を行う。

３．手続の実施結果
① ２の①について，社会福祉法に基づく事業に活用している不動産等に係る控除対象財産判定と事務処理基準は一致した。
② ２の②について，社会福祉法に基づく事業に活用している不動産等の再計算の結果と一致した。
③ ２の③について，再取得に必要な財産の再計算の結果と一致した。
④ ２の④について，必要な運転資金の再計算の結果と一致した。
⑤ ２の⑤について，社会福祉充実残額の再計算の結果と一致した。さらに，当該計算結果と社会福祉充実計画における社会福祉充実残額は一致した。
⑥ ２の⑥について，社会福祉充実計画における１，２，４及び５に記載される事業費について再計算の結果と一致した。

４．業務の特質
上記手続は財務諸表に対する監査意見又はレビューの結論の報告を目的とした一般に公正妥当と認められる監査の基準又はレビューの基準に準拠するものではない。したがって，私は社会福祉充実計画の記載事項について，手続実施結果から導かれる結論の報告も，また，保証の提供もしない。

５．配付及び利用制限
本報告書は法人の社会福祉充実計画の承認申請に関連して作成されたものであり，他のいかなる目的にも使用してはならず，法人及びその他の実施結果の利用者以外に配付又は利用されるべきものではない。

以上

第9節 理事会及び評議員会の承認

1．評議員会の承認
(1) 記名押印又は署名の必要性

　社会福祉充実計画は評議員会の承認が必要です（法55条の2⑦）。これは法定事項なので，評議員会での決議を行わないと法令違反となります。

　また，社会福祉充実計画の承認申請においては，社会福祉充実計画の策定に係る評議員会の議事録を添付する必要があります。これは所轄庁が計画案の作成にあたって社会福祉法において必須とされている手続が行われているかどうかの確認を行うためです。

　ここで，評議員会の議事録ですが，通常，一定の記名押印又は署名が必要となります。

　定款例によると

(イ) 出席した評議員及び理事は，前項の議事録に記名押印又は署名する。
(ロ) 議長及び会議に出席した評議員のうちから選出された議事録署名人二名がこれに署名し又は記名押印する。

という2つの方式が示されています。

　(イ) と (ロ) のどちらの方式を採用しても問題となるところはありませんが，(イ) の場合，出席した評議員及び理事全員の記名押印又は署名が必要となるので，時間がかかります。そのため，多くの社会福祉法人では (ロ) を採用すると想定されます。

　この場合でも，議長及び会議に出席した評議員のうちから選出された議

事録署名人2名の計3名の記名押印又は署名が必要です。

(2) 議事録作成者の氏名の記載

また，評議員議事録の場合，議事録の作成に係る職務を行った者の氏名の記載が法令上，要求されています（施行規則2条の15③七）。したがって，この記載がないと法令に抵触することになりますので注意が必要です。

なお，この議事録作成者は，事務職員であっても問題はありません。また押印は必ずしも必要ではありません。

このように，評議員会の議事録には，複数の人間の記名押印等が必要となってきますので，議事録の完成までには一定の時間がかかります。

したがって，評議員会の議事録の作成時間を考慮すると，評議員会の開催は6月30日よりも前の日に開催して，時間の余裕を持つほうがよいと考えられます。

以下は，(ロ)の方式を採用した場合の，評議員会議事録の例です。

【図表3-32】評議員会議事録の例

```
         平成29年度第1回評議員会議事録
              （中略）
 平成29年6月○日
                  議長        烏丸  一郎
                  議事録署名人  御池  二郎
                  議事録署名人  二条  三郎

          本議事録の作成に係る職務を行った者の氏名
            社会福祉法人○○会
              総務部総務担当課長    社会  太郎
              総務部            社福  花子
```

> 評議員会議事録は作成者の氏名が必要です

2．理事会の承認

法令上は，社会福祉充実計画について理事会での承認は求められていま

せんが，事務処理基準7では「評議員会に先立って，理事会においてもその承認を得ることが必要であること。」とされ，理事会の承認が求められています。

実務上，社会福祉充実計画案の承認は決算承認理事会において行われると想定されます。

このときの注意点ですが，定時評議員会と決算承認理事会は中2週間の間隔をあけなければならない点に注意する必要があります。（2週間後ではなく，中2週間となります。）

これは，社会福祉法人は計算書類等を定時評議員会の日の2週間前の日から5年間，その主たる事務所に備え置かなければならないという，計算書類等の備置き及び閲覧等に係る規定が根拠となっています（法45条の32①）。

そのため，決算承認理事会は遅くとも6月15日までに開催する必要があります。しかし，上記のように評議員会議事録作成のために，6月30日よりも前の日に開催するとなると，決算承認理事会は6月15日よりも前の日に開催することが必要となります。

したがって，決算承認理事会，定時評議員会のスケジュールは早期に立てておく必要があります。

【図表3-33】は決算時のスケジュール例です。

【図表3-33】決算時のスケジュール例

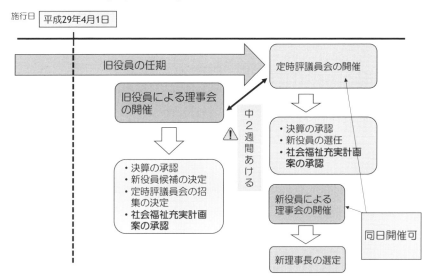

Column　評議員会議事録の署名や押印が間に合わなかったら？

　社会福祉充実計画承認申請書には，社会福祉充実計画の策定に係る評議員会の議事録を添付する必要があります。もちろん，この評議員会の議事録は，（イ）出席した評議員及び理事による記名押印又は署名，又は（ロ）議長及び会議に出席した評議員のうちから選出された議事録署名人二名による署名又は記名押印が必要です。

　しかし，この議事録の押印又は署名が6月30日までに間に合わないことも考えられます。評議員会の議事録作成後，評議員や理事などに議事録を郵送するか，あるいは直接訪問して押印又は署名をしていただくことになりますが，郵便がなかなか戻ってこなかったり，スケジュールの都合でなかなか会うことができなかったりするケースも想定されるからです。特に（イ）の場合，出席した評議員全員及び理事全員の記名押印又は署名が必要になりますので，時間がかかることが予想されます。

このような評議員議事録の署名や押印が間に合わなかった場合の処置について，法令では何ら明示はされていません。
　そこで，ここでは公益法人での事例をご紹介します。
　公益法人（公益認定を受けた公益社団法人又は公益財団法人を指します（認定法2条①～③））は，毎事業年度開始の日の前日までに，事業計画書，収支予算書，資金調達及び設備投資の見込みを記載した書類を行政庁に提出しなければなりません（認定法22条①，21条①，認定法施行規則27条）。
　このとき，事業計画書等につき理事会（社員総会又は評議員会の承認を受けた場合にあっては，当該社員総会又は評議員会）の承認を受けたことを証する書類を併せて添付する必要があります（認定法施行規則37条）。この書類とは，理事会議事録又は社員総会議事録あるいは評議員会議事録のことです。
　このときの理事会などは，事業年度の最終月に行われることが多いですが，理事等の記名押印又は署名が間に合わないケースも実際に出てきます。特に，理事会議事録につき原則的な方法（出席した理事全員及び監事全員による署名又は記名押印）とした場合，理事の数が多いと（例えば，理事の数が50人を超えるという公益法人も存在します。），なかなか記名押印又は署名がそろいません。そうなると，提出期限である翌事業年度の開始の日の前日までに議事録が完成しません。
　そこで，このような場合，いったん，記名押印又は署名がない議事録を添付して行政庁に提出します。そして，記名押印又は署名がそろった時点で，補正提出により差し替えます。なお，公益法人の場合，内閣府の公益法人インフォメーションにてインターネットによる提出を行う法人がほとんどです。
　記名押印又は署名がないにもかかわらず議事録を添付して提出する理由は，不備がある議事録であっても，法定期限までに提出することで法令を遵守することができるからです。逆にいえば，議事録が未完成だからといって法定期限までに提出しなかったら，法令に抵触することになってしまうからです。
　そこで，未完成でもよいから，いったん提出するというわけです。
　これらは，あくまで公益法人の事例ですが，参考となれば幸いです。

第10節 所轄庁への承認申請

1．承認申請の期限

社会福祉充実計画案は，理事会，評議員会の決議により承認を得たのち，社会福祉充実残額が生じた会計年度の翌会計年度の6月30日までに，所轄庁に対して申請を行わなければなりません（法55条の2⑦）。

2．社会福祉充実計画の承認申請に係る各種書類

社会福祉充実計画を所轄庁に対して承認申請を行う場合は，【図表3-34】の社会福祉充実計画承認申請書に必要な書類を添付して申請を行います。

事務処理基準別紙4-様式例①に基づけば，必要な添付書類は以下の通りです。

・対象年度の社会福祉充実計画
・社会福祉充実計画の策定に係る評議員会の議事録
・公認会計士・税理士等による手続実施結果報告書（写）
・社会福祉充実残額の算定根拠
・その他社会福祉充実計画の記載内容の参考となる資料

実務上は，財務諸表等開示システムにより，インターネット上で提出することになります。具体的には，①メールにて法人から所轄庁に提供，又は②法人がWAMNETのシステムに直接Excelシートをアップロードし，入力内容を所轄庁がシステム上で確認する，という2通りになる予定です

(第19回社会保障審議会福祉部会資料3「社会福祉法人の財務諸表等開示システムの機能等について」より)。

　そして，この社会福祉充実計画承認申請書とともに社会福祉充実計画を所轄庁に提供したのち，所轄庁が承認をすると，【図表3-35】の社会福祉充実計画承認通知書が届きます。

【図表3-34】社会福祉充実計画承認申請書

(別紙4－様式例①)

(文書番号)
平成〇年〇月〇日

〇〇〇都道府県知事
　　又は　　　　　殿
〇〇〇市長

(申請者)
社会福祉法人 〇〇〇
理事長 〇〇 〇〇

社会福祉充実計画の承認申請について

　当法人において，別添のとおり社会福祉充実計画を策定したので，社会福祉法第55条の2第1項の規定に基づき，貴庁の承認を申請する。

　(添付資料)
　・平成〇年度～平成〇年度社会福祉法人〇〇〇社会福祉充実計画
　・社会福祉充実計画の策定に係る評議員会の議事録(写)
　・公認会計士・税理士等による手続実施結果報告書(写)
　・社会福祉充実残額の算定根拠
　・その他社会福祉充実計画の記載内容の参考となる資料

【図表3-35】社会福祉充実計画承認通知書

(別紙4-様式例②)

(文書番号)
平成○年○月○日

社会福祉法人　○○○
理事長　○○　○○　殿

○○○都道府県知事
又は
○○○市長

社会福祉充実計画承認通知書

　平成○年○月○日付け（文書番号）により，貴法人より申請のあった社会福祉充実計画については，社会福祉法第55条の2第1項の規定に基づき，承認することとしたので通知する。

3．所轄庁の確認事項

　承認申請を所轄庁が受理すると，所轄庁は提供された社会福祉充実計画について確認を行います。

　この所轄庁による確認事項について，事務処理基準8では以下のように記載しています。

> 　所轄庁においては，法人の経営の自主性を十分に尊重するとともに，関係者への意見聴取を経て申請がなされているものであることを踏まえ，次の内容について確認を行うこと。
> ①　計画案に必要事項が記載されているか。
> ②　計画案の策定に当たって法において必須とされている手続が行われているか。
> ③　計画案の内容に，次に掲げる視点から著しく合理性を欠く内容が含まれていないか。
> 　ア　社会福祉充実残額と事業の規模及び内容の整合性（法第55条の2第9項第1号）
> 　イ　社会福祉事業が記載されている場合，事業区域における需要・供給の見通しとの整合性（法第55条の2第9項第2号）
> 　ウ　地域公益事業が記載されている場合，事業区域における需要・供給の見通しとの整合性（法第55条の2第9項第3号）
> ④　計画案の内容が，申請時点における介護保険事業計画や障害福祉計画，子ども子育て支援事業計画等の行政計画との関係において，施設整備等の観点から実現不可能な内容となっていないか。
> 　この際，所轄庁は，社会福祉充実計画が，申請時点での法人の社会福祉充実残額の使途に関する事業計画を明らかにする趣旨であることにかんがみ，法人に対して特定の事業の実施を指導するなど，法人の自主性を阻害するようなことがあってはならず，上記の点に係る審査を経て承認を行うものとすること。

　③の需要・供給の見通しとの整合性や④の実現可能性については，第6節3で記載したとおりです。

　この文章で特徴的なのは，社会福祉法人の自主性を尊重することを強調している点です。そのため，社会福祉法人は社会福祉充実計画を策定するにあたって，社会福祉事業や地域公益事業を計画することになりますが，その具体的な実施内容について所轄庁が口を挟んだり，上記文章に記載のとおり，特定の事業の実施を指導したりすることは，社会福祉充実計画の審査の過程では行わないということです。したがって，実務上，承認申請

期限日後である7月1日以後に審査が始まりますが，審査の過程で策定した事業について所轄庁からは①〜④以外の観点で何か言われるということは，原則としてないということになります。

4．社会福祉充実計画の変更
(1) 軽微な変更以外の場合
　社会福祉充実計画の変更を行う場合，軽微な変更を行う場合を除き，所轄庁に変更承認の申請を行う必要があります。
　この場合，以下の様式により変更承認を行います。

【図表3-36】承認社会福祉充実計画変更承認申請書

```
(別紙5－様式例①)
                                                    (文書番号)
                                                  平成○年○月○日
○○○都道府県知事
    又は            殿
○○○市長

                                    (申請者)
                                         社会福祉法人 ○○○
                                         理事長 ○○ ○○


        承認社会福祉充実計画の変更に係る承認申請について


　平成○○年○月○日付け(文書番号)により，貴庁より承認を受けた社会
福祉充実計画について，別添のとおり変更を行うこととしたので，社会福祉
法第55条の3第1項の規定に基づき，貴庁の承認を申請する。
```

(添付資料)
- 変更後の平成○年度～平成○年度社会福祉法人○○○社会福祉充実計画
　（注）変更点を赤字とする，新旧対照表を添付するなど，変更点を明示すること。
- 社会福祉充実計画の変更に係る評議員会の議事録（写）
- 公認会計士・税理士等による手続実施結果報告書（写）
- 社会福祉充実残額の算定根拠
- その他社会福祉充実計画の記載内容の参考となる資料

　なお，事務処理基準10では，「社会福祉充実計画は，承認申請時点における将来の社会福祉充実残額の使途を明らかにするという趣旨のものであることから，社会福祉充実残額の増減のみを理由に変更を行うことは要しないが，計画上の社会福祉充実残額と，毎会計年度における社会福祉充実残額に大幅な乖離が生じた場合には，再投下可能な事業費にも大きな影響を及ぼすことから，原則として社会福祉充実計画の変更を行うこと。」とされています。

(2) 軽微な変更の場合

　社会福祉充実計画について，軽微な変更を行う場合は，所轄庁に届出を行います。

　軽微な変更を行う場合の届出は以下の様式により行います。

【図表3-37】承認社会福祉充実計画変更届出書

```
（別紙6－様式例）
                                              （文書番号）
                                          平成○年○月○日

○○○都道府県知事
      又は           殿
○○○市長

                              （申請者）
                                    社会福祉法人 ○○○
                                    理事長 ○○ ○○


          承認社会福祉充実計画の変更に係る届出について


  平成○○年○月○日付け（文書番号）により，貴庁より承認を受けた社会
福祉充実計画について，別添のとおり変更を行うこととしたので，社会福祉
法第55条の3第2項の規定に基づき，貴庁に届出を行う。


（添付資料）
・変更後の平成○年度～平成○年度社会福祉法人○○○社会福祉充実計画
  （注）変更点を赤字とする，新旧対照表を添付するなど，変更点を明示す
      ること。
・社会福祉充実残額の算定根拠
・その他社会福祉充実計画の記載内容の参考となる資料
```

(3) 変更承認が必要な場合

社会福祉充実計画の変更承認が必要な場合とは，以下のとおりです。

なお，変更承認の場合は，届出と異なり所轄庁の承認が必要となるので，承認までの時間がかかります。

【図表3-38】変更承認が必要な場合

(A)	事業内容関連	○ 新規事業を追加する場合 ○ 既存事業の内容について，以下のような大幅な変更を行う場合 　ア　対象者の追加・変更 　イ　支援内容の追加・変更 ○ 計画上の事業費について，20％を超えて増減させる場合
(B)	事業実施地域関連	○ 市町村域を超えて事業実施地域の変更を行う場合
(C)	事業実施期間関連	○ 事業実施年度の変更を行う場合 ○ 年度を超えて事業実施期間の変更を行う場合
(D)	社会福祉充実残額関連	○ 事業費の変更に併せて計画上の社会福祉充実残額について20％を超えて増減させる場合

(事務処理基準10より)

　この中で留意する事項は，(A) 計画上の事業費について，20％を超えて増減させる場合と (D) 計画上の社会福祉充実残額について20％を超えて増減させる場合です。

　このように増減率が関係する場合は，必ずスプレッドシートなどにより，計算過程を残すようにする必要があります。これは，増減理由を説明する根拠となります。また，このような計算過程は，一人の担当者に任せきるのではなく，必ず上席者がチェック及び承認を行うようにする必要もあります。その前提として，社会福祉充実計画の作成に係る規程を整備し，社会福祉充実計画の変更を行う場合の手続を明らかにしておくことも重要です。

(4) 届出でよい場合

　社会福祉充実計画の変更において，変更届出でよい場合とは以下のとおりです。

　これらは軽微な変更の場合を指しています。

【図表3-39】届出が必要な場合

(A)	事業内容関連	○ 既存事業の内容について，左記以外の軽微な変更を行う場合 ○ 計画上の事業費について，20％以内で増減させる場合
(B)	事業実施地域関連	○ 同一市町村内で事業実施地域の変更を行う場合
(C)	事業実施期間関連	○ 同一年度内で事業実施期間の変更を行う場合
(D)	社会福祉充実残額関連	○ 事業費の変更に併せて計画上の社会福祉充実残額について20％以内の範囲で増減させる場合
(E)	その他	○ 法人名，法人代表者氏名，主たる事務所の所在地，連絡先を変更する場合

(事務処理基準10より)

5．社会福祉充実計画の終了

　社会福祉充実計画の実施期間中に，やむを得ない事由により当該計画に従って事業を行うことが困難である場合には，あらかじめ所轄庁の承認を受けて社会福祉充実計画を終了することができるとされています（法55条の4）。

　事務処理基準11によれば，「やむを得ない事由」として以下の想定例をあげています。

① 社会福祉充実事業に係る事業費が見込みを上回ること等により，社会福祉充実残額が生じなくなることが明らかな場合
② 地域の福祉ニーズの減少など，状況の変化により，社会福祉充実事業の実施の目的を達成し，又は事業の継続が困難となった場合

　ただし，法律において「やむを得ない事由」というのは，相当の理由がないと認められないと考えられますので，事前に所轄庁に相談するほうがよいと考えられます。

なお，所轄庁の承認を受ける場合は，以下の様式により行います。

【図表3-40】

(別紙7－様式例①)

(文書番号)
平成〇年〇月〇日

〇〇〇都道府県知事
　　又は　　　　　殿
〇〇〇市長

(申請者)
社会福祉法人 〇〇〇
理事長 〇〇 〇〇

　　　　承認社会福祉充実計画の終了に係る承認申請について

　平成〇〇年〇月〇日付け(文書番号)により，貴庁より承認を受けた社会福祉充実計画について，下記のとおり，やむを得ない事由が生じたことから，当該計画に従って事業を行うことが困難であるため，社会福祉法第55条の4の規定に基づき，当該計画の終了につき，貴庁の承認を申請する。

記

(承認社会福祉充実計画を終了するに当たってのやむを得ない事由)

| |
| |

（添付資料）
・終了前の平成〇年度～平成〇年度社会福祉法人〇〇〇社会福祉充実計画
・その他承認社会福祉充実計画を終了するに当たって，やむを得ない事由があることを証する書類

【図表3-41】社会福祉充実残額算定シート

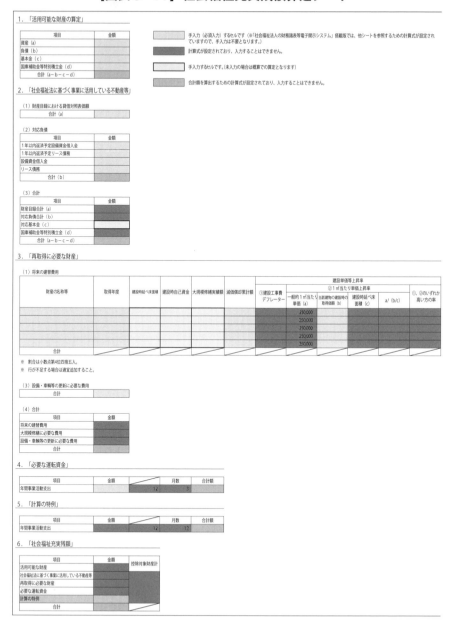

第3章 社会福祉充実計画

自己資金比率				合計額
①一般的自己資金比率	④建設時自己資金比率 (d)	d/b	③、④のいずれか高い方の率	
22%				
22%				
22%				
22%				
22%				

（2）大規模修繕に必要な費用

減価償却累計額 (a)	一般的大規模修繕費用比率 (b)	大規模修繕実績額	合計額①	※大規模修繕額が不明な場合		合計額 (①、②のいずれか)
				貸借対照表価額 (c)	合計額② ((a×b) × c/(a+c))	
	30%					
	30%					
	30%					
	30%					
	30%					

【図表3-42】社会福祉充実残額算定シート別添（財産目録）

(別添)

平成29年3月31日現在　　　（単位：円）　　　（単位：円）

貸借対照表科目	場所・物量等	取得年度	使用目的等	取得価額	減価償却累計額	貸借対照表価額	控除対象	控除対象額
I 資産の部								
1 流動資産								
現金預金								
有価証券								
事業未収金								
未収金								
未収補助金								
未収収益								
受取手形								
貯蔵品								
医薬品								
診療・療養費等材料								
給食用材料								
商品・製品								
仕掛品								
原材料								
立替金								
前払金								
前払費用								
1年以内回収予定長期貸付金								
短期貸付金								
仮払金								
その他の流動資産								
徴収不能引当金								
流動資産合計								
2 固定資産								
（1） 基本財産								
土地								
建物								
定期預金								
投資有価証券								
基本財産合計								
（2） その他の固定資産								
土地								
建物								
構築物								
機械及び装置								
車輌運搬具								
器具及び備品								
建設仮勘定								
有形リース資産								
権利								
ソフトウェア								
無形リース資産								
投資有価証券								
長期貸付金								
退職給付引当資産								
長期預り金積立資産								
(何) 積立資産								
差入保証金								
長期前払費用								
その他の固定資産								
その他の固定資産合計								
固定資産合計								
資産合計								
							控除対象額計	
II 負債の部								
1 流動負債								
短期運営資金借入金								
事業未払金								
その他の未払金								
支払手形								
役員等短期借入金								
1年以内返済予定設備資金借入金								
1年以内返済予定長期運営資金借入金								
1年以内返済予定リース債務								
1年以内返済予定役員等長期借入金								
1年以内支払予定長期未払金								
未払費用								
預り金								
職員預り金								
前受金								
前受収益								
仮受金								
賞与引当金								
その他の流動負債								
流動負債合計								
2 固定負債								
設備資金借入金								
長期運営資金借入金								
リース債務								
役員等長期借入金								
退職給付引当金								
長期未払金								
長期預り金								
その他の固定負債								
固定負債合計								
負債合計								
差引純資産								

第4章
事業経営のポイント

第1節 中長期経営計画の策定

1．社会福祉充実計画と中長期経営計画

　第3章第2節で述べましたとおり，社会福祉充実計画を作成する社会福祉法人は，「控除対象財産」を控除後の内部留保に対し，既存の社会福祉事業又は公益事業の拡充，あるいは新規の社会福祉事業及び公益事業の開始に使用するために中長期的に（およそ5年程度の範囲）計画的に再投下し社会の様々なニーズに応える必要があります。

　つまり，社会福祉法人は，将来にわたって地域社会の福祉サービス利用者にとって最良なサービスの提供が求められています。したがって，特に，社会福祉充実残額のある法人は，現状の法人の課題を再認識しながら，法人の将来のあるべき姿を追求し，達成することが求められます。そこで，社会福祉充実計画を作成するにあたり，大いに参考とするべきと著者が考えているものが株式会社等営利法人で広がりをみせている「中長期経営計画」です。

　「中長期経営計画」とは，法人の「経営理念」に基づいた「ビジョン」を成し遂げるために現状の姿と達成すべき「ビジョン」のギャップを埋めるために，解決すべき課題・問題点を認識し，それぞれ解決するために「経営戦略」，「実行計画」を立案し，文書化し各ステークホルダーに公約する計画書です。わかりやく言い換えると，経営計画とは，社長自身が①「自社をどのようにしたいか？　10年後，5年後，3年後にどのような会社であるべきか？」等を考え，②法人のあるべき姿（＝ビジョン）を描き，③現状とビジョンとのギャップをどのように埋めてあるべき姿に近づける

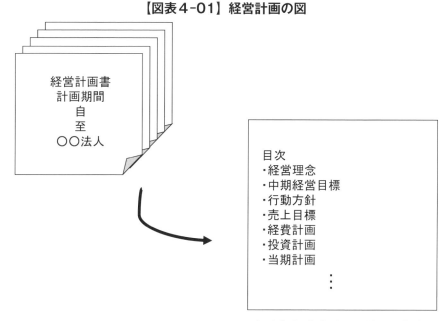

【図表4-01】経営計画の図

社会福祉充実計画の様式で策定

かの大きな道筋を示す方策を立案し、④その方策を実行可能になるまで詳細を詰めて具体化したものです。つまり、経営計画は、会社の存在意義、社長の思いから、具体的な行動計画までうたわれた会社の未来への道標です。

　社会福祉充実計画の場合で考えますと、自社の福祉サービスのあるべき姿を達成するために現状の自社分析を実施し、中長期戦略的に既存社会福祉事業又は公益事業、新規社会福祉事業等の事業領域に再投下する。そのために、内部留保である社会福祉充実残額を算定し、具体的に金額で算定するものです。

　つまり、ここで重要な点は、社会福祉充実残額を「何に使おうかな？」と「現状→未来」のように考えることではなく、経営理念に従った中長期

的なビジョンの中で必要な資金，投資額を算定する。「未来→現状」に落とし込む将来からの逆算が必要になるといえます。したがって，自社は「××という目標を掲げている。そのためには，○○に△△千円の資産の購入が必要である。結果，購入するために毎期□□千円積立資金が必要だ。」というような発想で計画立案をするべきといえます。

したがって，社会福祉充実計画の作成というものは，経営計画を策定することとほとんど同じであると考えられます。

それから，社会福祉充実計画では，主に貸借対照表から計算され，財産的な概念である社会福祉充実残額を社会福祉充実事業へ再投下していくことになります。5年から最大10年間の社会福祉充実計画を作成するには，同程度の貸借対照表の計画を作成し，社会福祉充実計画との整合性をチェックすることが望まれます。中長期の貸借対照表を含めた中長期経営計画を整備せずに，社会福祉充実計画を作成し，社会福祉充実残額を社会福祉充実事業へ再投下していくことは，「航海図（中長期経営計画）を持たずに出航するようなもの」というのは過言でしょうか？

【図表4-02】中期経営計画の策定方法

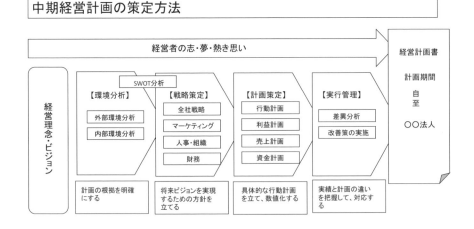

2．中長期経営計画の策定方法
・中長期経営計画の策定手順

　中長期経営計画を策定するためには、【図表4-02】で示したとおり以下のSTEPが必要性となります。本節では、中長期経営計画策定においてSTEPごとに説明を実施するとともに、一度自社で考えてもらいたいと思い、各STEPの最終に自社の考えを記入してもらう欄を設けています。一度考えてみてください。

　【STEP1】経営理念・ビジョンの策定及び再認識

　経営理念は自社の存在意義や社会的責任と経営姿勢等を示しているものです。（詳細は「3．経営理念の必要性」で記載）経営トップの思いを達成するために、5年後、10年後と中長期に達成すべき目標、いわゆる、「あるべき姿」をしっかりと考え、計画する必要性があります。

　Q　自社の経営理念・ビジョンは？

　経営理念

| |
| |

　ビジョン

| |
| |

　【STEP2】現状とギャップの把握

　将来のあるべき姿の達成に向けて、まず、自社の現状を把握することが重要です。売上高や利益剰余金、現金預金残高等、数値で表すことが比較的可能な定量的な要素以外に、組織風土、人材、コミュニケーションといった定性的な要因も含まれます。自社の現状を分析するとあるべき姿とのギャップが多く存在します。ギャップを埋めるための課題を洗い出しま

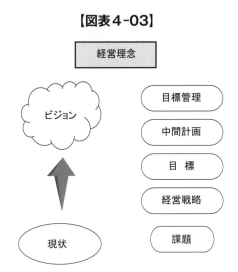

【図表4-03】

す。

　Q　自社の課題をピックアップしてみましょう。

| |
| |
| |
| |
| |
| |
| |
| |
| |
| |

【STEP3】外部環境及び内部環境の分析

　ビジョンを達成するために課題を洗い出し、課題の解消にとりかかる前に、外部環境及び内部環境を分析することにより、課題の解決策が社会のニーズに合ったような方策となります。そのため、外部環境分析、内部環

境分析は必ず実施する必要性があります。

外部環境分析とは，世の中の流れ，政治，法律，制度，経済状況，人口，競合他社の動向，技術革新等，自社でコントロールできないすべての事象です。法人は「社会の公器」といわれているように社会の様々なニーズに自社が応えなければなりません。例えば日本の携帯電話について思い返してください。自社の技術開発や機能を競い合う結果，携帯電話に様々な機能が搭載されましたが，実際にあまり使用されることなく，最終的にはスマートフォンにシェアが奪われました。このような事例は企業が，自社目線で製品・サービスを提供した結果，消費者に受け入れられなくなった例です。企業の経営理念・ビジョンを達成するためにはまず社会のニーズを的確にとらえるためのマーケティング活動が必要であり，そのために外部環境分析は欠かせません。

外部環境分析の有名な手法としてPEST分析が存在します。PESTとは，政治的（Political），経済的（Economic），社会的（Social），技術的（Technological）の頭文字をとったフレームワークを用いてマクロ経済の視点で自社の影響を整理する手法です。

PEST分析	外部環境要因例
P　政治的	法律，税制，業界の規制
E　経済的分析	景気動向，金利，物価，グローバル経済
S　社会的分析	自然，人口，世論，治安
T　技術的分析	技術革新，特許

内部環境分析とは，外部環境と異なり，自社内で解決できるすべての事象です。自社内の人・モノ・金・情報・時間等の経営資源の状況の現状分析です。企業が市場に製品・サービスを提供するにあたっての組織内部の強み・弱みの分析です。

Q　自社の外部環境分析と内部環境分析をやってみましょう。

(外部環境分析)

政治的分析	
経済的分析	
社会的分析	
技術的分析	

(内部環境分析)

人	強み	弱み
モノ		
金		
情報		
時間		

　外部環境分析と内部環境分析を踏まえ，SWOT分析をとおして分析することによって1つにできます。自社の強み（Strength），自社の弱み（Weakness）は内部環境であり，機会（Opportunity），脅威（Threat）は外部環境になり，各頭文字を取った有名な分析手法です。

　具体的には，縦横4つのマトリックスに分け，外部環境，内部環境でプラスの要因とマイナスの要因に区別したものです。

【図表4-04】 SWOT分析シート

	内部環境	
Strengths：強み		Weaknesses：弱み
Opportunities：機会		Threats：脅威
	外部環境	

　SWOT分析を通じて，自社の現状の分析を踏まえ，経営の方向性を決めるためのツールとして使用できます。

　【STEP4】経営戦略の立案

　経営戦略とは，一言でいうと，経営理念・ビジョンを達成するため，会社の方向性を決定し，経営資源（人・モノ・金・情報・時間等）を配分することにあります。そこで，会社の方向性を決めるにあたっては，自社の強みを活かして他社との違いを明確にしていくか，差別化していくかということが重要です。

　（イ）全社戦略

　全社戦略とは，事業ドメイン（領域）を考え，どこのドメインで自社が経営を行うか考えることです。もっとわかりやすくいうと，自社の強みが活かせる領域はどこかをしっかりと考え，重点的に資源を投入することを決定する戦略です。事業ドメインは，「誰に」「何を」「どうやって」自社

の製品・サービスを提供するかを考えます。
　Q　「自社のドメインは？」

　　（ロ）マーケティング戦略
　全社戦略で自社の強みを活かすドメインで他社との違いを明確化していく上で，一番重要な戦略がマーケティング戦略です。マーケティングというと，モノを売る戦略と思っているかもしれませんが，お客様目線で考えることが重要です。ピーター・ドラッカー氏は「真のマーケティングは顧客から出発する。すなわち，人間，現実，欲求，価値から出発する。」と述べています。つまり，自社の製品・サービスを購入して下さるのは世の中のお客様です。お客様目線で自社の製品・サービスを提供し続けることが世の中のためになり社会に貢献しているのです。マーケティングに対し，フィリップ・コトラー氏は「マーケティングとは人間や社会のニーズを極めてそれに応えることである。」と述べています。
　近年，企業経営で「お客様第一主義」とうたっている会社が多いのですが，これは，つまり，お客様目線に立って経営戦略を考え，全社をあげて行動すると宣言しているものであるといえます。マーケティング戦略の基本中の基本である「お客様第一主義」の徹底が，お客様，働く人，社会が幸せになれるものであると著者は信じています。
　さて，マーケティング戦略というと，世の中には多数の書籍，多数の情報が散々しています。マーケティングは切り口次第でかなりの数のフレーム，ツールがあります。その中で当書では代表的な手法である4Pについて記載します。4PとはE.J.マッカーシーが提唱したマーケティング戦略上のフレームワークであり，4つの頭文字のP，すなわち，Product（製品），Price（価格），Place（場所，流通），Promotion（広告，宣伝）です。最

近ではもう一つPartner（パートナー）も重要ですね。

　Product（製品）とは，お客様に必要とされている製品・商品・サービス等です。製品戦略は常にお客様の視点に立ち，良い製品・サービスの提供を心掛ける必要性はマーケティングの基本でしたね。

　Price（価格）とは価格の決定です。お客様が実際に購入して下さる価格です。価格に関しては，ついつい，低価格戦略＝値引による販売が思い浮かぶと思いますが，まずは，安からず，高からず値ごろ感で決定していくことが重要です。

　Place（場所・流通）とは，どこで，どのような形態で事業を行うかです。通常自社のチャネルで事業のすべてをそろえると莫大なコストを要します。しかし，近年では，多品種少量生産，消費者のニーズの多様化等に伴い，場所・流通について考えることも経営上重要なこととなっています。

　Promotion（広告・宣伝）とは，社会やお客様に自社の製品・サービスに対する認知を図ることや，好意的に受け取ってもらうこと，自社を知ってもらうすべての行為です。近年，SNS等の普及により，今まで以上に広告・宣伝・広報等が重要になってきています。

　Partner（パートナー）とは，自社の製品・サービスを提供するにあたって，誰と組むかです。技術革新の進歩，少子高齢化による人材確保が困難な時代のなか，自社ですべて対応するには困難な場合や，コストがかかりすぎる場合が生じます。そのため，現代の社会では誰と組んで自社の製品・サービスを提供するかも経営の選択肢として捉える必要があります。昔の敵は今の友のようなこともありそうです。これはすべて，自社の経営理念・ビジョンに従い，お客様に良い製品・サービスを提供するという視点があってこその考え方になるのではないかと思います。

　4Pの分析は昔からある手法ですが，比較的わかりやすく，自社の戦略に当てはめる際に，考えやすいツールです。しかし，注意点としましては，自社にフォーカスしすぎてしまうとマーケティングの基本であるお客様視

点がなくなりますので，常にお客様の目線で考えることが重要です。

Q　当社の4Pプラス1Pを考えてみましょう

製品	
価格	
流通	
広告・宣伝	
パートナー	

（ハ）人事戦略

　企業は人なりといわれるように，経営理念・ビジョンを達成するためには，人事戦略は重要です。ビジョンを実現するためには従業員の「採用」「配置」「育成」「評価」「待遇」「異動」「退職」等，人に関わる業務で経営理念・ビジョンに従い組織風土を作り，企業カルチャーに沿った社員にする必要性があります。中長期経営計画では，具体的な人事施策や人事評価については詳細に述べる必要はないと思いますが，人事の基本方針等は記載することが望まれます。働きがいを高め，自らがやる気を高めてもらい，個人の目標が組織の目標と一致するような良い会社にすることが経営者の務めです。そのためには，従業員が会社に来るのが楽しいと思ってもらうような経営を心がけないといけないですね。

Q　人事施策について考えてみましょう。

採用戦略	
配置戦略	
教育戦略	
男女比率	
平均年齢	
評価制度	

(二）財務戦略

　財務戦略は，企業が永続する上での財務，資金，投資に関するものです。全社戦略，マーケティング戦略，人事戦略に基づいて策定する数値計画に関係していくものです。経営理念・ビジョンを達成する上で様々な場面で投融資，採用等に資金面，財務面での制約をうけることになります。社会福祉法人では，財務内容の開示が求められており，財務の透明性が重要なテーマとなっています。したがって，財務に関する方針も重要なテーマです。以下に示すのは財務戦略の一例です。よくみてみると社会福祉充実計画に関係する項目であると思いませんか。財務戦略を考えるにあたり，当節の手順で進めて考えることが，結果的に社会福祉充実計画を策定することにつながっていると著者は考えています。

　Q　財務戦略を考えてみましょう。

　・資金調達計画

　・不動産の有効活用

　・将来の成長に対する投資

【STEP5】目標の設定

　企業の成功の秘訣は目標設定にあります。経営理念・ビジョンが素晴らしく，経営戦略も素晴らしいものができたとしても，計画策定にあたり目標設定が甘ければ，成功は遠のいてしまいます。目標は，上記STEP4に記載しました各戦略の達成に向けた目標です。目標を設定したのち，「行動計画表」等に落とし込み，いつまでに達成するかを記載します。数値で

把握できない定性的な目標，数値に反映可能な定量的な目標に関しても，「売上計画」「利益計画」「貸借対照表計画」「損益計算書計画」「キャッシュフロー計画」を策定し，抽象的な表現より，具体的な表現によって目標の達成を内外にコミットする必要性があります。

Q　目標を具体的に記載してみましょう。

【STEP6】中長期経営計画策定

　ここまできたら，中長期経営計画を策定するのみです。今までに計画を策定したことがない方にとっては，頭が痛かったのではないでしょうか。また，計画は作ったことがあったが，実績とかい離しており，計画策定に意味を見出していない方については，以前，当説に記載した方法で中長期経営計画を策定したことはあったでしょうか？　以上でわかるように，計画を策定するにあたっての材料は，経営理念・ビジョンから首尾一貫して策定します。

　では，具体的に，中長期経営計画ではどのようなことを記載するのでしょうか？　様々な中長期経営計画が出ていますが，下記に示す内容のものは，零細企業の中長期経営計画の１つのフォームになるのではないでしょうか？

　　・中期経営目標
　　・売上計画
　　・経費計画

・投資計画
・組織計画
・当期の目標

【図表4-05】利益計画，人員計画，投資計画，貸借対照表計画

		第×期	第×期	第×期	第×期	第×期
利益計画	収益					
	○事業					
	△事業					
	粗利益					
	人件費					
	地代家賃					
	減価償却費					
	その他経費					
	利益					
人員計画	役員					
	正社員					
	資格者					
	パート社員					
	労働生産性					
設備投資	設備投資額					
	現金及び預金					

貸借対照表計画	流動資産					
	固定資産					
	総資産					
	借入金					
	負債総額					
	内部留保					

　以上のように経営計画を作ると将来からの逆算により計画を策定することができるようになります。

3．経営理念の必要性

　前項では，中長期経営計画を策定する上での作成ポイントについて記載しました。経営計画を策定する上で一番重要な項目は経営理念・ビジョンであることがおわかりいただけたと思います。

　そもそも，経営理念とは何か？　と問われたとしたら，理事長，役員，職員等の答えはまちまちではないでしょうか。それくらい経営理念の認識はあいまいなものです。

　経営理念とは一言でいうと，「法人の憲法」です。もっとわかりやすい言い方をすると経営理念とは，「経営者の強い思いであり，普遍的なものであり，社会・顧客・従業員等ステークホルダーとの関係を通じて企業の存在意義，社会的責任，必要性を示した企業活動の羅針盤」であります。

　経営理念があることで法人はどうなるでしょうか？

　第一に，内外の関係者に法人が何のために存在し，誰のために役に立っているか，社会にどのように貢献するか等を言葉によって示すことが可能になります（存在意義＝ビジョン）。

　第二に，経営上の重要な判断の基礎となります。経営者が意思決定をする際，いかなる理由であっても経営理念に反する意思決定はなされなくな

ります（信念）。

　第三に，法人の風土，雰囲気，文化創り，全従業員の考え方，行動規範等に影響を与えます（行動規範）。

　第四に，経営者の夢，法人の将来像を語ることで，法人の目指すべき目標を語ることが可能となります（目標）。

　これまで述べたとおり，中長期経営計画策定（＝社会福祉充実計画）を策定するためには，まず，経営者の志・夢があり，法人の経営理念・ビジョンと関連づけられ，経営理念・ビジョンが中長期経営計画策定の上での根拠付けになり，ビジョンを達成する上での経営戦略に活かされます。つまり，経営理念なき法人に戦略性はないとのことになり，行き当たりばったりの経営に陥ることになり博打のような経営になってしまいます。仮に，企業経営に経営理念・ビジョンがなければ，以下のようなことになるのではないかと想像します。

・スタッフが働く目的がお金のみになってしまう。
・法人の未来が読めなく先行き不透明。
・経営の意思決定において判断材料が経営者の直観になってしまう。

京セラ株式会社の社是・経営理念
【社是】敬天愛人
　常に公明正大　謙虚な心で　仕事にあたり　天を敬い　人を愛し　仕事を愛し　会社を愛し　国を愛する心
【経営理念】全従業員の物心両面の幸福を追求すると同時に，人類，社会の進歩発展に貢献すること

　これは，京セラ株式会社の社是・経営理念です。

　社是の「敬天愛人」では，会社として大事にしている価値観，考え方であり従業員に対して発信しています。それに対し，経営理念では，「全従業員の物心両面の幸福と人類，社会の進歩発展に貢献すること」として，会社としてのビジョン・存在意義を述べています。

経営理念等をWebで検索して、様々な企業や団体の経営理念をみていると面白いものが多数あります。ここではいくつか紹介したいと思います。

> **株式会社星野リゾート**
> 「日本の観光をヤバくする。」
> 星野リゾートの上記の言葉をみて、いかがでしょうか？ 星野リゾートが様々なお客様のニーズに応えてリゾート業界のイノベーションをおこしている理由がわかるような気がします。

> **花王グループ**
> 「私たちは、それぞれの市場で消費者・顧客を最もよく知る企業となることをグルーバルにめざし、全てのステークホルダーの支持と信頼を獲得します。」
> さすがは、花王グループですね。お客様を含めた各ステークホルダーの支持と信頼を獲得します、と記載があるだけで、やはり王道を歩んでいる感じがします。

4．段階的な会計監査人設置基準に対応するために

今回の改正社会福祉法の施行により、一定程度の規模の社会福祉法人については会計監査人の設置が義務づけられました。ここでいう会計監査人とは、公認会計士又は監査法人のことであります。会計監査人設置対象会社の設定金額が平成28年9月26日の「第19回社会保障審議会福祉部会」で決定しました。今後、以下の法人は、会計監査人の設置が求められます。
・平成29，30年度は収益30億円を超える法人又は負債60億円を超える法人
・平成31，32年度は収益20億円を超える法人又は負債40億円を超える法人
・平成33年度以降は収益10億円を超える法人又は負債20億円を超える法人
　見てのとおり、段階的に対象範囲を拡大することが想定されています（なお、段階実施の具体的な時期及び基準については、平成29年度以降の会計監査の実施状況等を踏まえ、必要に応じて見直しが予定されています。）。

【図表4-06】

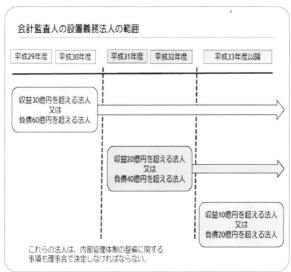

(1) 公認会計士監査とは

　公認会計士監査（会計監査人の監査）は，一般に公正妥当と認められる監査の基準に基づき，一定の品質管理システムの下で公認会計士又は監査法人が実施するものであり，財務書類に対して高い信頼性を付与（保証）します。

　公認会計士監査は，監査及び会計の専門家として，独立の立場から実施されるもので，「独立監査人の監査報告書」において，財務書類に対する意見を表明（証明）することで責任を負うものです。当業務は公認会計士又は監査法人だけが提供できる業務です。会計監査の導入背景は，社会福祉法人は，公益性の高い法人であり，国民に対して経営状態を公表し，経営の透明性を確保していくことはその責務（説明責任）があります。つまり，福祉サービスの利用希望者にとって，福祉サービスを選択する上で重要な判断材料となるため経営の透明性を確保することが重要です。

さらに，会計処理が不適切な法人や，経営状態を適切に判断できない法人も存在します。したがって，福祉サービスの利用を希望する者等が，経営破綻等によりサービス利用に影響を及ぼすことを回避することから，財務諸表公表による経営の透明性の確保と併せ，会計技術向上の取組みや健全性の確保を目的とした経営改善のための仕組みが必要と判断されたこと等の要因があります。

(2) **会計監査の手法**

会計監査とはどのような特徴があるかについて記載していきます。会計監査はすべての取引，項目を監査対象としていません。

理由として，①財務諸表監査は重要な虚偽表示の発見を目的としており，すべての虚偽表示の発見を目的としていません。重要な虚偽表示とは，財務諸表利用者にとって重大な影響を及ぼすと思っていただいて構いません。②すべての取引，項目を監査対象とすることは，時間的，コスト的，労力的に困難です。③有効な内部統制が構築され，継続的に運用されていれば，虚偽表示は社会福祉法人側で，ある程度防止できるとの監査制度の趣旨にのっとっています。会計監査の代表的手続として「試査」という手続があります。試査とは，取引や項目について一部を抽出し，抽出したサンプルについて取引が適正に行われているか確認する手続です。

つまり，会計監査をするにあたっては，企業側で適切にルールに従って処理されていることが前提となっております。会計監査を実施するにあたり，会社の内部統制の整備状況や運用状況を評価し，内部統制が有効に機能されているか確認し，内部統制の依拠割合を決定します。その依拠割合によって，監査手続の内容が決定します。わかりやすくいうと，会計監査を行うにあたっては，経営者の会計に関する考えや，経理処理のやり方，ミスの程度をまず確認し，企業の経理処理がどれくらい利用できるか監査人が判断します。その後，利用程度に応じて監査手続の質・量を計画し，計画に応じ手続を進めます。

(3) 二重責任の原則

財務諸表の作成、内部統制の整備・運用責任は理事者にあり、監査人の責任は、理事者が作成した財務諸表に意見を表明することにあります。理事者と監査人との間で責任を明確化し、理事者は、監査人がいない場合であっても財務諸表の作成責任を負います。また、監査人が財務諸表を作成することは厳禁（指導・助言は可）です。それに対して、監査人は社会福祉法人から独立した第三者からの意見を表明することにあります。

以上のように、会計監査を受けるにあたっては、企業内部独自に会計処理が適切に行われ、独自に誤り防止等のチェック体制が整っていることが前提となります。そのため、会計監査をこれから受ける法人、今後会計監査人の設置が見込まれる法人にとっては、社内のガバナンス強化、組織力向上が求められます。

会計監査を受嘱するにあたっては【図表4-07】のように、まず「予備調査」といわれる手続を実施し、会計監査を受けるにあたって、社内の内部状況や経理についての状況、経理処理、内部統制の運用状況を評価することになっています。

したがって、段階的に会計監査対象法人については、この機会に、社内

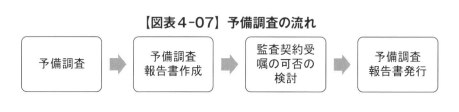

【図表4-07】予備調査の流れ

予備調査 → 予備調査報告書作成 → 監査契約受嘱の可否の検討 → 予備調査報告書発行

経営者等へのインタビュー関係書類の閲覧等。

予備調査の結果に基づき、問題点を洗い出し、文書化。

監査契約を締結できるかどうかを、監査法人等内部で検討。

内部統制や会計処理の問題点を指摘し、不備がある内部統制等を改善していただく。

の内部統制の整備，ガバナンス強化を図り，準備を進めることが必要となります。会計監査は，助言業務は可能ではありますが，あくまで財務諸表の作成責任は会社側にある「二重責任の原則」に従った行動が求められています。

段階的な会計監査人設置基準に対応するには，中長期的な法人の事業規模と貸借対照表の目標と見込を把握すべきであり，中長期経営計画の作成が望まれます。会計監査人設置基準への対応が，中長期経営計画の項目の１つになる可能性があります。

5．法定監査と任意監査

前項では，会計監査の手法と段階的に会計監査対象先の拡大に向けて監査に対応できるように準備する必要性について記載しました。本項では，法定監査と任意監査について記載します。

(1) **法定監査と任意監査**

会計監査には会社法，金融商品取引法，特定社会福祉法等各種法律により強制的に公認会計士又は監査法人の会計監査が必要な法人に対して実施する監査（法定監査）と，法定監査以外の法人が法定監査と同様の手法で公認会計士又は監査法人から受ける監査（任意監査）の大きく分けて二つあります。法定監査は，前節で述べたとおり，監査先の対象金額が確定したことを受け，執筆時点（平成29年1月）では，大半の法定監査対象法人が会計監査人の選定を終え，これから予備調査に向けて準備を進めている頃であろうと推察されます。

(2) **任意監査の特徴**

任意監査は，今後会計監査対象先の拡大に向けて収益10億円を超える法人又は負債20億円を超える法人や，今回対象外となったそれ以外の小規模法人が該当します。上記法定監査先以外の法人については，会計監査人の設置は不必要になってはいるものの，評議員，理事，監事等の機関設計や

第3章で記載している社会福祉充実残額等の算定等は会計監査人設置法人と同様のガバナンスを受けることとなっています。特に社会福祉充実計画は，この節で述べたとおり，中長期経営計画と同様です。中長期経営計画では，将来の法人のビジョンに向かって組織全体で目標を定め，達成するために行動します。つまり，社会福祉充実計画を策定し，実行し，達成するためには，理事長を含めた経営陣の思いが全従業員に伝わる組織風土の形成，その目標に向かって全社で取り組むことが必要です。しかし，自社内で方向性やルールが定まっていない。そのため，ビジョンの達成が困難になります。

(3) 任意監査導入のメリット

任意監査を導入することにより受けられるメリットがありますので，ご紹介します。

① 財務諸表に対する社会的信用度の向上

会計監査は外部の第三者である公認会計士又は監査法人が一般に公正妥当と認められた監査基準に基づいて監査手続を実施し，財務諸表に保証を与えるため，利用者，債権者，所轄庁等のステークホルダーが安心して財務諸表を利用することが可能になります。

② 内部統制の強化を図り企業の持続的発展に寄与

任意監査を行うにあたっては，まず，自社で経理業務遂行能力が求められます。つまり，自社で諸規程，投資判断基準，決済権限，経理処理のルール，職務分掌等ガバナンス面の強化が求められます。業務マニュアルもその一種であると考えます。任意監査を行うことにより，公認会計士又は監査法人の指導業務の発揮により財務面で助言指導，ガバナンス面での助言指導，ITの導入等業務効率化に対する助言指導等を受けやすくなり，今までブラックボックスになっていた業務改善が可能になる可能性があります。前項で記載しましたように，会計監査は，試査をベースにした手続を実施します。そのため，法人内の内部統制が有効に機能しているか否か

によって監査手続の深度が異なってきます。そのため，法定監査ではない任意監査の段階で助言指導業務の発揮により，より良い内部統制の構築が可能になり，法人の持続的発展に寄与することが可能になると思われます。この際，ガバナンス強化，内部統制の構築，業務改善等のご要望があれば任意監査も検討してみたら良いと思います。

③ 財務経理部門の強化

経理業務については，今まで，顧問税理士，顧問会計士にかなり頼っていたというようなケースはありませんか？　また，そうでなくても経理を任せることができる人材は少数ではありませんか？　また，従来は，所轄庁や税務当局に目線が向き，その両者の指摘が無いよう調整することを主眼として経理処理しているケースがあるのではないかと思われます。しかし，任意監査を導入すると，監査は，一般に公正妥当と認められる会計基準に従って会社が経理処理しているかを監査します。したがって，経理業務も会計基準に従って良いか否かの判断基準で処理することになります。また，任意監査の導入により旧来のシステムを新システムに変更することによる業務の自動化支援にも役立つ可能性があります。そのため，経理部門にとっては良い判断基準，マニュアル，職務分掌による役割分担等も図れ，部門の強化が可能になります。

④ 指導監査の頻度の縮小ないしは省略の可能性

「(1)公認会計士監査とは」で述べたとおり，公認会計士監査が実施され監査及び会計専門家から社会福祉法人の財務書類に対して意見の表明がなされるということは，社会福祉法人を利用するとステークホルダーに対し，合理的な水準で財務書類が適正である旨を独立した第三者が表明することにあります。また，法定監査ではなく任意監査であった場合においても，公認会計士監査は，法定監査と同様に一般に公正妥当と認められる監査の基準に基づき実施されるため，会計監査の水準は法定監査と同程度水準に担保されます。したがって，会計監査を受ける社会福祉法人は会計監査を

受けるためのガバナンス・内部統制を整備し運用する必要があります。つまり，視点を変えた場合，公認会計士による任意監査を受けている社会福祉法人は，ガバナンス・内部統制が有効に機能している法人であると外部から認められていることになります。

一方で，本書を手に取られた社会福祉法人が経験されている指導監査とは，行政機関によります「法人設立認可」「法人定款認可」「法人監査」「施設監査」等をいいます（以下，「指導監査」といいます。）。指導監査を受ける頻度は社会福祉法の中で2年に1度程度となっています。しかし，法人の積極的な取組みの評価により**4年に1度**になるといわれています。この，積極的な取組みの代表例が公認会計士による外部監査です。

指導監査を実施する行政機関としましても，監査を実施する際に人員等の資源を割かなければならず，全社会福祉法人に満遍なく監査を実施するのではなく，より指導監査をする効果がある社会福祉法人に対して監査を実施した方が有効であると考えます。その結果，公認会計士による外部監査を受ける法人に対しては一定以上のガバナンスが機能していると行政機関も判断し4年に1度程度がさらに縮小される可能性もあります。

したがって，任意監査を受けることにより行政機関による監査の頻度も少なくなることが予想されます。

⑤ 法定監査移行時及び移行後の対応の効率化

法定監査を受嘱する際，予備調査を受ける必要がある旨を「【図表4-07】 予備調査の流れ」で記載いたしました。しかし，任意監査を受けていた社会福祉法人は，既に任意監査を受嘱する際に，実施済みであり新たには不要になります。また，任意監査を受けた法人は，法定監査ではないため，監査を受ける期限等にはゆとりが生じます。そのため，法定監査へ移行されるまでに，ガバナンス・内部統制・経理処理等の重要課題について長期的に公認会計士と議論を重ね（指導機能を受け），解決することが可能になります。その結果，法定監査へ移行した際，監査の日数・報酬の

削減等，中長期的に社会福祉法人にとってメリットを感じ取れることになると思われます。

以上のことから，任意監査法人であったとしても，会計監査人を設置することにより社内のガバナンス強化が図れます。外部利用者，債権者，その他のステークホルダーに対して，外部専門家による保証が与えられることによる財務諸表の信頼性の向上につながります。ITの導入，業務の効率化，内部統制の強化等，俗人的に頼る経営の脱却が可能になり企業の持続的発展が可能になると思われます。会計監査の導入により外部の第三者の目線が入る助言指導業務により正しい経営ができるようになると思われます。そのため，任意監査を行うにあたっては監査費用は必要になりますが，将来の経営強化策には良いものでありますので任意監査の導入に悩まれている社会福祉法人は上記のメリットも考え検討してみても良いと思われます。

段階的な会計監査人設置基準に対応するには，中長期的な法人の事業規模と貸借対照表の目標と見込を検討しながら，任意監査の必要性を検討することが望まれます。

【図表4-08】法定監査と任意監査との異同点

	法定監査	任意監査
監査の根拠	法令に基づく	なし
監査日数・監査人員	任意監査と比較すると多い	比較的少ない
監査報酬	任意監査と比較すると多額	比較的少額
監査証明水準	監査証明水準は同じ	
監査報告書の発行	どちらの監査でも監査報告書を発行する	
監査人の独立性	どちらの監査でも監査人の独立性は必要	
指導監査との関係	外部監査を受けることで，指導監査の頻度が少なくなる，もしくは指導監査が省略される可能性がある	

Column　特定目的の監査

　平成26年2月に監査基準が改訂され「特別目的の財務諸表監査」というものが日本に導入されました。我が国のこれまでの会計監査は，一般目的，つまり，企業や非営利団体といった事業主体の幅広い利害関係者に対して決算書一式に対して公認会計士又は監査法人が保証する形式でありました。しかし，企業のニーズは様々なケースがあります。例えば，貸借対照表のみ監査をしてほしい，特定の項目（在庫や固定資産）のみ監査をしてほしい，キャッシュ・フロー計算書等を監査してほしい。M&Aをするにあたり買収先の懸念等について監査をしてほしい，補助金を受けるにあたり収支計算書の監査をしてほしい等，多種多様なニーズに応えることが可能になるのが特別目的の財務諸表監査です。いわゆるテーラーメード型の会計監査といえます。様々なケースで利用がしやすくなったため，利用件数が増加すると公認会計士の監査後のデータにより情報の信頼性は増すため，世の中にとってもよいですね。

　しかし，留意点があります。その留意点とは，一般目的の通常の監査の場合，公認会計士が表明する意見を「適正性」といって，提出された財務諸表が合理的な水準で担保されます。しかし，特別目的の財務諸表監査の場合は，ピンポイントで依頼された項目のみの監査であるため，公認会計士の意見表明の「準拠性」がとられます。つまり，一般の監査とは異なりすべての項目は見ていないため，利用者に注意喚起することです。

　グローバル経済化において，社会のニーズは多様に変化しています。そのようななか，特別目的の財務諸表監査によって社会に貢献することも公認会計士としての使命であると著者は思います。

第2節　外部環境の変化への対応

1．介護報酬の改定

　団塊世代が75歳以上になり，国民の4人に1人が後期高齢者となる2025年を見据えて，2018年は社会保障制度を一とおり完成させる重要なポイントになります。介護報酬と診療報酬の同時改定と，介護保険事業計画，医療計画の見直しが行われるからです。2024年にも同様の同時改定がありますが，2025年の目前となるので，2018年が改革のヤマ場になるといわれています。現状の国の財政状況と，2015年の社会福祉法人の主力サービスである特別養護老人ホームの基本報酬が大きく引き下げられた流れから考えると，2018年で基本報酬の引下げはあっても，引上げは考えにくいと思われます。しかも，2017年4月に消費税率が10％に引き上げられていたら，一定の財源を確保できる可能性がありましたが，その可能性もなくなり，2018年の改定は社会福祉法人の介護事業者にとっては，マイナスの影響となることが予想されます。

　もう少し長いスパンで今後の改定の流れを予想することも可能です。2025年までは高齢者人口が拡大し，介護保険料を負担する20〜64歳以上の人口がゆるやかに減少し，高齢化率が上昇していきます。つまり，1人当たりの負担が重くなっていくため，介護報酬の改定はマイナスの方向性となることが容易に想像できます。一方，2025年を超えると高齢者人口の増加は安定するのですが，介護保険料を負担する20〜64歳以上の人口が大幅に減少し，やはり1人当たりの負担が重くなっていくため，介護報酬の改定はマイナスの方向性となります。すなわち，社会福祉法人の介護事

【図表4-09】高齢化率と世代別人口の推移

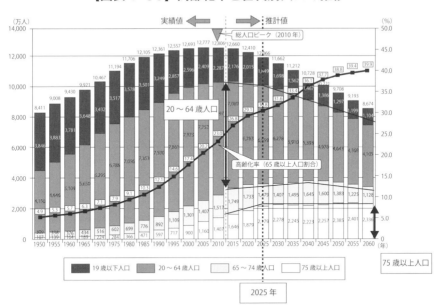

(出典) 総務省, 国立社会保障・人口問題研究所

業者にとっては,介護報酬が継続的に減少していくことを想定した事業経営が必要となってきます。

2018年改定において,主要なテーマとなるのは,以下になることが予想されます。

・地域包括ケアシステムの構築
・退院患者の受け皿づくり
・重度者,認知症高齢者への対応
・医療との連携

Column　基本報酬が減額されるなかでのアクションプラン（短期的な対策）

　上記のとおり，短期的に基本報酬の減額されることが予想されるのであれば，短期的に効果がでる，迅速な対応が必要です。特養の場合には，定員という上限がありますので，現在の稼働率によってアクションプランが変わってきます。

　既に稼働率が高い場合には，これ以上の利用者の伸びしろが望めないので，単価アップが必要なのですが，基本報酬の増加が望めないので，加算を取りに行く必要があります。一方，稼働率が低い場合には，加算を取りに行くだけでなく，利用者を増やす必要があります。

　利用者を増やす必要がある場合も，営業活動が不足しているのであれば，営業活動を強化し，人手不足で利用者を増やせない場合は，職員を増やす必要があります。

　特養の稼働率が高く，加算も取れている場合には，特養以外のショートステイの稼働率等を上げていく必要があります。

　外部環境が変化するなかで，対応できることとできないことを見極め，対応できることに迅速に対応していく必要があります。アクションプランを策定，実行していくためには，法人の舵をとる仕組みであるガバナンスが必要です。環境変化が大きいなかで，適切なアクションプランとそれを実現可能とするガバナンスの必要性は高くなります（ガバナンスについては後述いたします）。

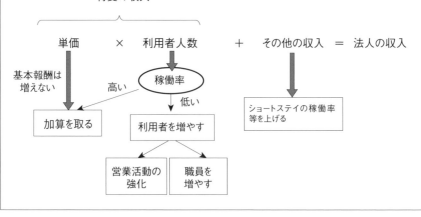

Column　地域包括ケアシステムからのヒント

　厚生労働省は，高齢者の尊厳の保持と自立生活の支援を目的とし，できる限り人生の最後まで住み慣れた地域で，自分らしい暮らしを続けることができるように，2025年を目途に，地域の包括的な支援・サービス提供体制（「地域包括ケアシステム」）の構築を推進しています。市区町村では，2025年に向けて3年ごとの介護保険事業計画の策定・実施を通じて，地域の特性に応じた地域包括ケアシステムを構築していくことになっています。なお，おおむね30分以内に駆け付けられる圏域を理想とし，中学校区を基本として構築していくことになります。

　この地域包括ケアシステムの項目としてあげられているのが，「医療・看護」「介護・リハビリテーション」「保健・予防」「住まい」「生活支援サービス」です。このうち，「医療・看護」「介護・リハビリテーション」「保健・予防」については，保険対象となる従来の事業ですが，今後は「住まい」「生活支援サービス」の地域貢献が社会福祉法人にも望まれていると思われます。具体的には，以下のようなものが考えられます。

　「住まい」：サービス付高齢者向け住宅，低所得高齢者向け住まい
　「生活支援サービス」：宅配，食堂，移送，見守り，安否確認，生活関連代行，緊急通報サービス，娯楽・レジャー，身元保証，葬儀納骨

　地域包括ケアシステムの構築に向けて，積極的に対応することが，社会福祉法人の持続可能な事業経営のヒントになると思われます。

Column　2018年改定で起きるパラダイムシフト「自立支援介護」

　政府の未来投資会議から，「自立支援介護」を実行し，要介護度を下げることで介護報酬が増える「アウトカム評価」の2018年改定での導入が提言されました。これまでは，要介護者を「お世話」することが中心でしたが，これからは高齢者が自分でできるようになることを助け，要介護度を下げることに軸足が置かれる，とのことです。このことを安倍首相は談話の中で「パラダイムシフト（価値観の転換）」という表現をしています。要介護度を下げるなかで「要介護度が下がっていく達成感をともに味わい」「専門家としての働きがい」が生まれる，「介護報酬，人

員配置基準にも踏み込む」とも言っています。要介護度が下がると基本報酬が下がりますので，いかにして利用者を増やすか，加算を取るのかが，重要になってきます。

2．待機者の減少

【図表4-09】では，2025年までは高齢者人口が増加し，2025年以降は高齢者人口が安定することがわかりました。しかしこれは，日本全国の高齢者人口の推移であり，都心部と地方をグロスにしたものです。地方だけの高齢者人口をみると，既に減少しているか，今後減少に転じる地域もみられるようになっていきます。すなわち，今後は地域によっては，待機者の減少に伴う介護ニーズの減少が予想されます。また，上記の高齢者人口減少以外にも，以下の要素が，待機者の減少要因になりえます。

・企業が運営する高齢者住宅の増加
・一定所得以上の利用者について，自己負担が2割に引上げ
・入所者が原則要介護3以上に限られた

介護報酬の継続的な減少，介護ニーズの減少といった，逆風の中で持続可能な事業運営を続けていくためには，他の社会福祉法人との差別化が必要になってきます。以下のコラムでは，中小企業の差別化の経営戦略の代表である，「ランチェスター戦略」についてご紹介します。

Column　地域トップを目指すためのランチェスター戦略

このような厳しい外部環境のなか，生き残っていけるのは，地域トップの法人であるともいわれています。高齢者人口の減少が2043年ころから始まり，後継者が経営を担う30年後には，利用者は減少しニーズも変化していくので，中長期的な視点で経営を考える必要があります。現在と違い利用者が施設を自由に選べる環境

になり，選ばれる事業者・施設だけが生き残っていけるといっても，過言ではないでしょう。そのためには，後述する，スタッフの質，サービス内容，エリア戦略等で同業他社と差別化していく必要があります。

　そして，地域トップを目指すために，シェアを重視している経営戦略が「ランチェスター戦略」です。ランチェスター戦略は，100年程前に英国で考案された戦闘理論を，40年程前に日本で企業間競争に応用し，理論化したものです。ランチェスター戦略では，圧倒的な大手を強者，それ以外は弱者とし，弱者には差別化戦略が必要としています。差別化戦略とは，質的優位性を築くために他社とは違ったサービスを他社と違った方法で提供することです。そのための主な戦法として，「一点集中主義」「局地戦」をあげています。

　「一点集中主義」とは，他社との優位性を築くために自社の経営資源を重点配分することであり，特に介護現場においては，スタッフの質・量，同業他社が手掛けていないサービス等への経営資源の重点配分が該当すると思われます。
「局地戦」とは，地域・事業領域などを限定することです。その特定した領域でシェアを確保しないと，中長期的には淘汰されるので，局地でのシェアを設定し，継続的にモニタリングする必要があります。シェアは以下のように定義されます。

　　　　シェア（％）＝　自社の売上　／　市場（自社と同業他社の合計）

　なお，市場の定義は，あくまで利用者の視点で判断します。そして，以下を３大目標値としています。

　　　　上限目標75％：独占とみなしてよい。これ以上のシェアをとると需要が活
　　　　　　　　　　　性化しないので，これ以上大きくする必要はない。

　　　安定目標40％：安全圏

　　　下限目標25％：劣勢の下限。一位でも安定していない。

　また，地域戦略の手順として，「三点攻略法」をあげています。

　　　ステップ１：最終攻略目標地域とその周辺地域の中で最も有利な地域を選び，
　　　　　　　　　その一点に集中攻撃をかけてシェアを40％までもっていく。

　　　ステップ２：もうひとつの点を選び，ここでもシェア40％までもっていき，
　　　　　　　　　線を形成する。

> ステップ3：最終攻撃目標地域を包囲する形で第三の点をうつ。これを面積の形成という。これにより，最終攻撃目標を囲む三角形ができ，最後に最終攻撃目標地域のど真ん中に第四の点をうつ。
>
> これらは，株式会社等の営利企業が，とくに中小企業が参考にしている経営戦略です。社会福祉法人の経営判断においても，一定の参考になると思われます。

3．人材不足への対応

　さきほどは【図表4-09】で高齢化率の上昇を確認しましたが，もう1つ読み取れることがあります。介護現場の担い手となる人材不足です。

　そして，「人を育てれば加算が取れる」ともいわれるなかで，介護保険処遇改善加算（キャリアパス要件（職位，職責，職務内容に応じた任用要件と賃金体系の整備＋研修の実施，機会を確保）＋新たな取組み（定量的要件））とサービス提供体制強化加算（介護福祉士の配置割合で加算）を取りに行くためにも，人材不足への対応が必要です。

　さらに，利用者ニーズの多様化に対応，保険外サービスを強化していくのであれば，さらに人材が必要です。

　人材の質×人数が施設のサービスレベルを決定することになります。質の高い介護サービスを提供するためには質の高い人材の効率的な配置が必要です。

　以下は，平成28年10月の社会保障審議会福祉部会福祉人材確保専門委員会の資料の一部です。介護人材のすそ野を広げ，就業していない女性や中高年齢者，障がい者を中心に，介護未経験者の参入を促進するために，介護職員初任者研修よりも簡素な入門的研修の導入の検討が始まっています。こういった動向のキャッチアップが望まれます。

　また，今後の介護報酬の改定等の議論の中で，人材不足の解消策として，処遇改善以外に，介護業務のIT化や介護ロボット・見守りセンサーの導

【図表4-10】

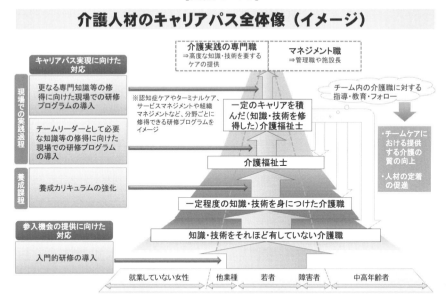

入が促される可能性が大いにあります。この流れを見逃さず，対応していくことも対策の1つとなります。

　そして，平成28年10月の衆院本会議で入国管理・難民認定法改正案で働きながら技術を学ぶ技能実習制度の対象職種に介護が新たに追加されました。また，技術実習の終了後も一定の条件で在留資格を認める検討に入ったそうです。例えば，技術実習生が「介護福祉士」の資格を取得することで，日本で働き続けられるように検討しているそうです。こういった動向もキャッチアップして，外国人の介護人材の確保も対策の1つです。

　第3章にも記載しましたが，平成28年11月28日の厚生労働省による「社会福祉法人制度改革の施行に向けた全国担当者説明会」で，「「社会福祉充実財産」等を活用して職員処遇の改善を行う場合に参考となる賃金水準について」が公表され，「今後の少子高齢化の一層の進行を踏まえれば，福

祉・介護人材の確保を着実に進めていく必要があるが、そのためには、現に福祉・介護分野で働く職員の処遇を改善し、これらの者が将来に希望を持って、福祉・介護の仕事を継続できるようにしていくことが重要です。」と記載されています。あくまで賃金水準は労使で決めるものですが、一定の社会からのメッセージであると思います。これからは、人材不足という外部環境と職員の処遇改善という社会的要請のバランスをとって持続的な経営を続けるバランス感覚が必要です。

> Column　星野リゾートのスタッフが向き合う「真実の瞬間」
>
> 　人材不足のなか、利用者に満足してもらうためには、つきつめると、利用者に対応するスタッフ一人一人の判断が重要になっていきます。また、職員の対応の悪さはすぐに地域に広まり、利用者離れにつながるおそれがあるだけではなく、スタッフ確保や連携先との協力関係にも影響を及ぼします。
>
> 　「星のや」「界」などの個性的なリゾートホテルや温泉旅館を全国に展開している、星野リゾートの星野社長は著書「星野リゾートの教科書」の中で、「スタッフがお客様と接する「真実の瞬間」の時間は平均15秒に過ぎないという。だが、その回数は膨大で、数え切れないほどの「真実の瞬間」が繰り返される。その対応力によって企業に対するお客様の評価は決まっていく。現場のスタッフの判断の質こそが、会社全体に対するお客様の評価を決める」「経営者はスタッフの対応力を上げるために、分かりやすいビジョンを示し、必要な情報を共有する」といっています。

4．中長期的な変化に対応するために

　介護保険サービスに限っていえば、同じ種類であればどの事業所でも基本的に利用料金は同じになり、全国一律の介護報酬と利用料が設定されています。そのため、自由に活動できる領域は狭く、差別化が難しいといえます。これについて、介護経営コンサルタントの小濱道博氏は「介護保険サービスの経営は、コンビニエンスストアに似ている。新しいサービスの

開発や告知，価格設定などのマーケティングの業務は，チェーンの"本部"に相当する厚生労働省が一括して行う。介護事業者はそのお膳立てに乗って，必要な人材を獲得すれば介護保険サービスの提供に集中できる。利用者と職員の確保以外の余計なマネジメントは考えずに，ただ言われた通りに皆が同じことをすればよいわけだ。」(「日経ヘルスケア」2016年10月号）と表現しています。

　社会福祉法人の経営は，その高い公共性から，自由に活動できる領域は狭く，差別化が難しい，といわれています。しかし，その事業を持続可能なものとしていくには，他の社会福祉法人や営利企業と差別化し，変えられるものを変えるチャレンジが必要です。以下はアメリカの神学者，ラインホルド・ニーバーの有名な言葉です。

　　「変えられないものを受け入れる心の静けさと
　　　変えられるものを変える勇気と
　　　その両者を見分ける英知を私に与えたまえ」

　生き残っていくためには，外部環境と内部環境を見つめなおし，中長期的な視野を持ったうえで，果断で迅速な経営判断が必要です。

Column　保険外サービスへの取組み（サービス内容の差別化）

　サービス内容による差別化の手段として，保険外サービスへの取組みが考えられます。消費生活を謳歌した団塊世代が今後高齢化することにより，自分のニーズに合致した付加価値の高いサービスに対価を支払う消費者が，増えていくと予想されます。しかし，保険外サービスでは，自らサービスを企画し，価格設定を行い，ターゲットとなる消費者に訴求していかなくてはならないため，介護保険サービスとは異なる，知見・ノウハウ・社内の機能が求められます。以下は，厚生労働省等が平成28年3月に発表した，「地域包括ケアシステム構築に向けた介護保険外リービスの参考事例集」に記載されていた，保険外サービスの事例の一部です。

【コミュニケーション】
- 高齢者に担当コミュニケーターが毎週2回電話をし，電話の内容をその都度ご家族にメールでレポート
- 専用端末を使って，自宅のテレビ画面からインターネット経由で宅配商品の注文ができ，見守りや家族間のコミュニケーションを図る
- 会員制の買物代行，宅配サービスにあわせ，離れて暮らす家族向けに商品の宅配後に「お届け完了」メールを配信する。

【家庭内労働力の代替＝家族代わりのニーズ】
- エアコンサービス，ハウスクリーニング，水回りの掃除・修理，庭木の剪定，家具移動，害虫駆除，網戸・障子・ふすまの張替など
- 荷物の片づけ，部屋の掃除，ゴミ出しの手伝い，買い物の付き添い，お話し相手，お墓の掃除，電球交換，日曜大工，犬の世話など

【人と触れ合える「場」，参加できる「場」を作る】
- デイサービスに併設し，誰でも利用できるカフェ，ランチ・定食・弁当の提供，地域住民向けのセミナーやイベントを実施
- コミュニティカフェ，イベントフロア，フィットネスフロアを併設。コミュニティカフェには，生活全般に関するちょっとした疑問や将来の不安などを気軽に相談できる生活コンシェルジュが常駐

【「自分らしい暮らし」の継続のサポート】
- 訪問理美容サービス（ヘアカット，パーマ，ヘアカラー，エステ等）
- 高齢者向け美容教室（化粧を楽しむ，ADL（日常生活動作）維持・向上につながる化粧療法のセミナー）
- 高齢者向け化粧サロン（スキンケア，メーキャップ，ハンドケア）
- 介護，医療スタッフ向け化粧療法講座
- ユニバーサルデザイン旅行（要介護者，障がい者が参加できる旅行）
- トラベルヘルパーサービス（介護技術と旅の専門知識を持つ「トラベルヘルパー」が同行する旅行），トラベルヘルパー養成

第4章 事業経営のポイント 171

Column 社会福祉法人のM&Aと連携

　ランチェスター戦略に基づき，40％以上のシェアを獲得し，地域トップを目指すために，また，後継者不足に対応するための，１つの解決策が「M&A」と「連携」です。

　社会福祉法人の「M&A」の手法としては，合併・事業譲渡・役員交代等が主なものですが，その対価支払方法としては役員退職金が考えられます。社会福祉法人でも株式会社等の営利企業と同様に，上記手法は可能ですが，公共性が強いことから，一定の範囲で所轄庁が関与し，手続が法律に反すると「M&A」の効力自体が認められない可能性があります。

　「連携」は，複数法人による協働化，ともいいます。複数の法人が活動資金を出すことによる資金面での連携や，役職員の人事交流による事業の共同実施，連携強化，キャリアパスの構築といったメリットが考えられます。以下は厚生労働省の資料から抜粋したイメージ図です。

【図表４-11】

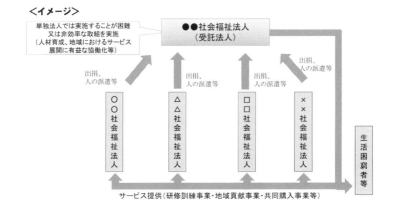

【図表4-12】

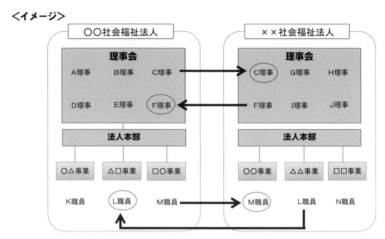

　平成25年8月の社会保障部制度改革国民会議報告書にも「社会福祉法人については、経営の合理化、近代化が必要であり、大規模化や複数法人の連携を推進していく必要がある。また、非課税扱いされているにふさわしい、国家や地域への貢献が求められており、低所得者の住まいや生活支援などに積極的に取り組んでいくことが求められている。」との記載があります。今後、大規模化や連携の流れは加速していき、国も後押しすることが予想されます。なお、これまでは行政主導型の「M&A」「連携」が多かったと思いますが、より業界の持続的な成長と社会的使命を達成するためには、法人主導型の「M&A」「連携」が進むことが期待されます。

Column　保育所の外部環境

　少子化が進むなかで、保育所の需要が減少してもおかしくなさそうですが、実際は、保育所入所を望みながらも入所できない、いわゆる「待機児童」の問題が解消されていません。これは、女性の社会進出が進んだことと、2008年のリーマンショック以降の景気後退により、収入が減少した家族の共働きが増加し、子どもを預けざるを得なくなったからです。よって、少子化が進むなかで、保育所の需要は増加傾向です。

また，女性の働き方が変化するなかで，「休日や祝日も預かってほしい」「病気の時も預かってほしい」等のニーズの変化がみられます。

　一方で，需要の拡大と規制緩和によって，株式会社等の営利企業の進出も増加しております。また，中長期には少子化の影響が大きくなり，需要が減少していくおそれがあります。需要が減少することを前提とした事業経営のかじとりが必要です。

第3節　内部環境の整備・強化

1．社会福祉法人とガバナンス

　平成28年9月に，公正取引委員会から「現在，社会福祉法人にしか認められていない特別養護老人ホームの開設を株式会社や医療法人にも認めるべきではないか」という提言が示されました。実際に，特別養護老人ホームを開設したい，と考える株式会社等は相当数あると思われ，いずれ，株式会社等が特別養護老人ホームを運営する可能性を否定できません。また，先程の公正取引委員会の提言には，以下の内容が含まれています。

- 事業者選定は透明性を確保すべき
- 自治体独自の補助制度は，法人形態を問わず公平なものとすべき
- 社会福祉法人は，原則として法人税，住民税，事業税が非課税だが，優遇の差を狭める方向での見直しが望ましい

　これからの長いスパンで見通すと，株式会社等の民間企業と同じ土俵にたっても，負けない組織，仕組みの構築が望まれます。ガバナンスとは法人の舵をとるための仕組みであり，法令順守や不正防止の守りのガバナンスと，より効率的に事業運営するための攻めのガバナンスがあります。民間企業では，この攻めのガバナンスを「儲けるための仕組み」ともいい，「果断で迅速な意思決定」をするための仕組みづくりに余念がありません。

　具体的には以下のようなものが，攻めのガバナンスです。

- 経営会議
- 中長期経営計画
- 部門別損益管理

・月次決算
・PDCAサイクル
・KPI

一方，主に以下のようなものが守りのガバナンスといわれています。
・監事
・会計監査人
・内部監査

　なお，理事会は法人の重要な意思決定を行いますので，攻めと守りの中心になります。また，その理事会の構成要素である理事の選任解任を通じて，評議員会は法人の公共性・公益性の舵をとります。

　攻めのガバナンスは法人の任意ですが，守りのガバナンスに関する様々な規制は法定されており，法人の従来の運営方法を見直す必要があります。法定された内容は，株式会社と同程度であり，具体的には，評議員会，理事会，監事等の各種機関の設置，役員の責任，財務状況の開示制度等があげられます。

　【図表4-13】は法定された機関設計です。評議員会が理事・監事・会計監査人を選任し，理事・監事の報酬を決定します（定款で定めることも可能）。そして，理事会が選定した理事長・業務執行理事の業務執行を理事会・監事が監督します。

- 理事会が理事長等を選定・解職する権限を持っています。理事長が違法又は不当な行為をした場合において，理事会が理事長等を解職できることで，理事会による理事長等の業務執行の監督権限が機能し，ガバナンスが確保されています。
- 評議員会が，理事の業務執行をコントロールし，定款変更，解散等の重要事項の意思決定をすることができる法人の最高の意思決定機関であり，ガバナンスを確保するために役員等の人事権を独占しています。
- 評議員会・理事会による監督だけではなく，監事・会計監査人という独

【図表4-13】

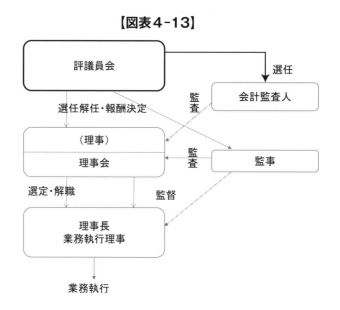

立第三者からの監査によって，ガバナンスが確保されています。
- 理事長は対外的に法人を代表し契約等の行為を行い，業務執行理事が法人の業務を執行します。そして，その他の理事は理事会への出席等を通じて法人運営に関与します。すなわち，その他の理事は業務執行権を有せず，理事会を通じた意思決定，法人運営の監督に専念することになります。なお，業務執行理事は必ず代表権を有するとは限りません。

ここでいう業務の執行とは，法人の何らかの事務を行うということではなく，法人の目的である具体的事業活動に関与することを意味します。

Column 理事，評議員の任期の比較

理事，監事，評議員の任期は法定されており，理事の任期が，監事・評議員の任期よりも長くなること，及び，監事の任期が評議員の任期よりも長くなることはありません。

これは，ガバナンスの観点から説明ができます。

　まず，理事の任期は，選任後2年以内に終了する事業年度のうち最終のものに関する定時評議員会の終結のときまでとされています。ただし，定款又は評議員会の決議によって短縮することが可能ですが，延ばすことはできません。

　そして，評議員の任期は，原則として，選任後4年以内に終了する事業年度のうち最終のものに関する定時評議員会の終結のときまでとされています。定款で「4年」を「6年」まで延長することができますが短縮することはできません。これは，理事・監事の任期よりも長期とすることにより，その地位を安定的なものとする趣旨からです。

Column　理事の報酬等の額の決定

　理事の報酬等の額は，定款で定めていないときは，評議員会の決議で定める必要があります。これは，理事が自らの報酬等の額を定めることによる「お手盛り」を防止し，ガバナンスを確保するためです。なお，ここでいう「お手盛り」とは，権利者が自らご飯をよそう場合，いくら無茶に盛っても，誰も止められない状態で，自分のテリトリーで，思うままに自己の利益を図ることをいいます。

　また，理事会が理事長の業務執行を監督し，ガバナンスを確保しています。そこで，理事長が理事の個々の報酬等の額を決定すると監督機能が損なわれるおそれがあり，このような方法は認められません。

　なお，理事による「お手盛り」を防止するという趣旨からは，定款又は評議員会においては，理事の報酬等の総額を定めることで足り，理事が複数いる場合における理事各人の報酬等の額を，その総額の範囲内で理事会の決議によって定めることは差し支えないと考えられています。

| Column | 内部統制とは何ですか？

改正社会福祉法により，会計監査人設置法人には，内部統制の構築義務が法令上の義務として新たに生じました。理事会が主体となって内部管理体制の基本方針を決定し，規定の策定等を行うことになります。それでは，内部統制とは何でしょうか？　以下はその目的や方法等のイメージ図です。

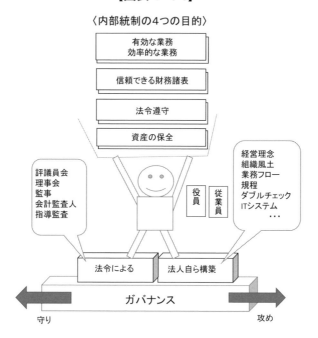

【図表4-14】

なお，具体的に内部統制をどのように整備し，運用するかは，個々の法人が置かれた環境や事業の特性，規模等によって異なるものであり，一律に示すことは適当でない，とされており，個々の理事会が自ら適切に工夫をして整備，運用していくことになります。

理事長は，理事会や職員の誠実性，遵法精神，組織の気風等，内部統制を支える基盤に大きな影響を与えます。理事長自らの高い倫理観とリーダーシップで，内部統制を職員レベルまで浸透させていくことが期待されます。理事は内部統制が有効に運用されていることを常にモニタリングしていく役割があります。

Column　ガバナンスの土台は経営理念

【図表4-15】は,京セラの稲盛会長による,京セラの経営の概念です。京セラは管理会計として部門別採算を細分化し,その細分化した部門のリーダーが中心となる「アメーバ経営」で京都の中小企業からグローバル企業に飛躍しました。その土台となるのが,企業理念です。

【図表4-15】

企業理念・行動指針が土台となり,その上にスタッフ・リーダー教育,組織,管理会計が存在し,これらが一体となったガバナンスが構築されています。教育も組織も管理会計も,複数の選択肢があり,判断に迷ったときは企業理念に立ち返り判断することになります。この考え方は,経営者もスタッフも同様です。

Column　経営理念,人事評価,分配までの太い串を通す

経営理念を実現し,経営計画の実行可能性を高める上では,経営計画の方針と人事評価・分配が連動していることが望まれます。したがって,経営戦略が変われば,人事評価・分配の基準も変わる可能性があります。

持続的な成長を続けるためには,経営理念から人事評価・分配に至るまで,経営理念に基づいた,一本の太い串を貫き通すことが望まれます。そうすることで,経営戦略,人事制度の運用がより太く,確実になります。

【図表4-16】

　このことは、ドラッカーも「組織の焦点は、成果に合わせなければならない」「配置、昇給、昇進、降級、解雇など人事に関わる意思決定は、組織の信条と価値観に沿って行わなければならない。これらの決定こそ真の管理手段となる」「これら人事に関わる決定は、真摯さこそ唯一絶対の条件であり、すでに身につけていなければならない資質であることを明らかにするものでなければならない」といっています。

　現在の賃金制度を分析し、年功序列型の問題点と多様な働き方、モチベーションアップに対応し、経営理念、経営計画と整合する人事制度の導入が望まれます。

Column　キャリアパス要件Ⅲ

　キャリアパス要件Ⅲとは，昇給の仕組みを就業規則・賃金規定等に記載することです。この要件を充たすことで，10,000円の処遇改善加算を目指すことになります。そして，昇給仕組みは，①経験②資格③評価のいずれかになります。これは，従来の職位による昇給では，どうすれば昇給するのか不明確であったことに対する対応です。先程のコラムに記載したとおり，経営理念，経営計画と整合するキャリアパス要件Ⅲを導入することで，より他の法人と差別化を図る必要があります。

【図表4-17】処遇改善加算（拡充後）におけるキャリアアップの仕組みのイメージ（案）

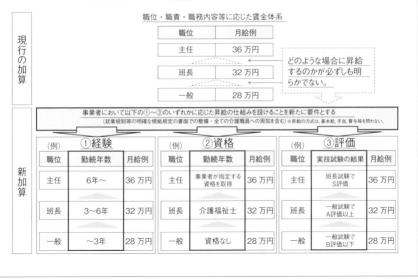

2．管理会計・KPIの整備

　経営者が経営判断に必要な数値を集計・把握する仕組みを「管理会計」といいますが，この管理会計が未整備であると，不採算部門が生じていても把握できず，経営判断が遅れ，不採算部門からの撤退が遅れ，法人全体

の持続的な運営に影響を与える可能性があります。また，他のサービス展開が増えており，利用者ニーズ，同業他社の動き，スタッフの適正な配置，質の変化を敏感に感じるために，少なくとも部門別損益のタイムリーなチェックが必要です。具体的には，少なくとも月次の部門別損益の把握が望まれます。変化に敏感な経営者であれば，週次，日次で把握し，チェックと対策を行っています。

　管理会計の弱点としてよく指摘されるのは，管理会計で把握する数値は過去情報であり，それを把握した時点ではもう手遅れである，ということです。経営判断や改善活動は，管理会計で兆候を把握するよりも，もっと前段階で兆候を把握し，判断・行動すべきという考え方です。ここで必要になるのは，財務指標にこだわらず，経営判断や改善活動に有効な先行指標である「KPI」です。「KPI」とは，Key Performance Indicaterの略語であり，重要業績評価指標とも訳されます。この指標は把握するだけではなく，目標設定と把握，対策を継続して実行すること，すなわちPDCAサイクルを回し続けることで価値が生まれてきます。

　以下は，KPIの例です。なお，指標を改善するための，具体的行動計画の策定が前提となります。

【サービス内容】
・サービス満足度
・家族満足度
・クレーム件数

【財務の安定性】
・入所稼働率
・平均要介護度
・デイサービスの稼働率
・ショートステイの稼働率
・ケアマネへの訪問回数

・ケアマネへの講習会の回数

【業務の効率化】

・少人数化

・業務スピード

【ガバナンス】

・経営会議における経営指導と改善活動の実施状況の報告回数

【人材管理】

・研修の実施回数

・従業員満足度

・資格取得率

・外部セミナー受講回数

・親睦会，社員旅行回数

　成長を続けている，株式会社等の営利企業では，予算のみならず上記のようなKPIを設定し，持続的成長のツールとしている会社も少なくありません。まずは，法人単位で設定しますが，部門別，個人別に落とし込むことで，より，変化への対応が可能となる場合があります。管理会計やKPIを適切に設定することは，「経営のコックピットにタコメーターをつける」イメージです。これからの環境変化や営利企業との競争に備えて，社会福祉法人でもコックピットの整備が望まれます。

3．後継者教育

　当項では事業承継に絡めた次世代経営者の育成にフォーカスして記載したいと思います。現在の日本では営利法人，非営利法人を含め後継者不足が社会的な問題となっています。しかし，この節では自組織内に次世代の理事長候補等後継者が既に存在している。又は，既に後継者理事長になっており経営に携わっているような法人についても同様考えてもらえるようにしています。

(1) ワンマン経営からの脱却

　先代理事長や経営陣はよく強烈なリーダーシップによる求心力により組織を引っ張ってこられたケース等が多いのではないでしょうか？

　後継者の場合，年齢的にも若く経験もさほど積んでいないことから，すべてのことを後継者が決めることは困難です。また，すべてのことを1人で背負うことはよくありません。そのため，次世代の経営者にはぜひ社内でご意見番である番頭の事務局長や他のブレーンと合議体による経営も1つの在り方だと思われます。

(2) 直観経営からの脱却

　現在理事長である方は，場合によって，高度経済成長期以降，石油ショック，バブル経済，バブル経済崩壊後の日本経済，金融危機，リーマンショック等様々な経験を実際に経営しているなかで経験されています。いわゆる，いい時と悪い時が肌感覚で残っているというような経営者様は比較的多くいるのではないでしょうか？

　次世代の後継者は，バブル崩壊後の日本経済が中心の世代であり，価値観も現役経営者と違うものです。特に後継者世代についての日本は「不確実性」と将来に対する不安が常にいわれる時代です。現状，日本経済は，25年以上経済成長していない唯一の国家であり，他の国で経験したことのない時代であります。そのため，直観に頼った経営を続けた場合，運が良く成功することはあったとしても，将来にわたって続くとは到底思われません。そのため，1節2で述べた外部環境分析等をしっかりと踏まえ，戦略を持って経営を行うべきであると考えます。

(3) 必要となる後継者教育

　中小企業庁においても現在，後継者のための教育について問題視しており，これは社会福祉法人のみの問題ではなく日本全体の問題です。後継者教育を実施するにあたりいくつか紹介をしたいと思います。後継者教育等を通じ，後継者が次世代のリーダーになり得る人材か否かを現経営者は判

断する必要性があります。経営者に向いていないタイプの方が，理事長の親族であるからといってトップになったとき，その法人の未来はどうなるでしょうか？　やはり，リーダーになるべき存在でなければなりません。

　そのため，以下で説明するような後継者教育の場面等を通じ，じっくりと考えることが必要です。

(4)　社内での教育

　社内での後継者教育の有効な方法は，

① 　様々な部署で経験を積ませる

　　人事，労務，財務，営業，現場等，様々な業務で経験を積み知識をつけることで，将来の経営に役立ちます。長期的なプランで会社のことを理解し経営者になってもらうには良い方法であると考えます。

② 　責任あるポジションに就け，ある程度の権限を与えてみる

　　実際に経営者と番頭では責任の重さが全然異なります。そのため，経営者になるため，早めに経営の意思決定の経験を積んでおくことも重要な後継者教育になります。例えば，施設長を経験，事業を取りまとめるといった事務長等がこのようなケースです。

③ 　現経営者が直接指導する

　　ここでの注意点は，現理事長の親族であった場合等はどうしても子どもかわいさによって甘えが生じることも多々見受けられます。厳しく，経営理念やビジョン，経営のノウハウが伝授できることも直接指導のメリットです。

(5)　社外での教育

　社外での後継者教育での有効な方法は，

① 　他社で経験を積ませる

　　同業他社で経験を積ませることが1つの方法です。ただし，留意点としては，自社の経営理念，経営方針と全く異なる他社で経験を積んだ場合，自社に戻ってきて実際にリーダーシップを発揮するとき，後継者が

よかれと思ったことが自社の価値観と全然違うといったようなケースも出ますので留意が必要です。

② 外部の後継者塾や経営塾に参加する

　商工会議所，中小企業庁，外部コンサルティング会社等が実施している経営塾等に参加し，様々な知識を吸収します。

　外部の後継者教育としては，以下のテーマで勉強することが良いと著者は考えています。

- 後継者の心構え，自分の人生の振り返り，夢，経営者としてどうありたいか
- 経営者とは，リーダーとは（リーダー論）
- 経営理念，志（ビジョン経営）
- 後継者仲間を作り事例を学ぶ（後継者仲間と切磋琢磨する）
- 経営者が行う経営戦略の基礎（会社を方向づけるための経営戦略の基礎）
- 人事・労務・財務等経営者がおさえないといけない基礎

といったことを後継者仲間と共に勉強することが後継者の成長につながり，自社の成長につながるものであると思います。

(6) 現経営者と後継者で事業承継計画書を策定する

　【図表4-18】は，中小企業庁から出ている事業承継計画書の参考例です。

　社会福祉充実計画を策定するものと異なり，こちらの表は，現理事長と後継者がどのタイミングで事業を承継するかにフォーカスした表になります。特に親族内承継の場合は，このような表を基に専門家と相談しながら事業承継計画書を策定することもおすすめいたします。

　これからの時代，日本経済は，人口減少という世界的に初めて経験する誰も見ぬ世界が待っています。そのようななかで事業承継を引き受け，経営者になりうる後継者には，利用者にとって喜んでもらえるような会社，

第4章 事業経営のポイント

【図表4-18】事業承継計画書

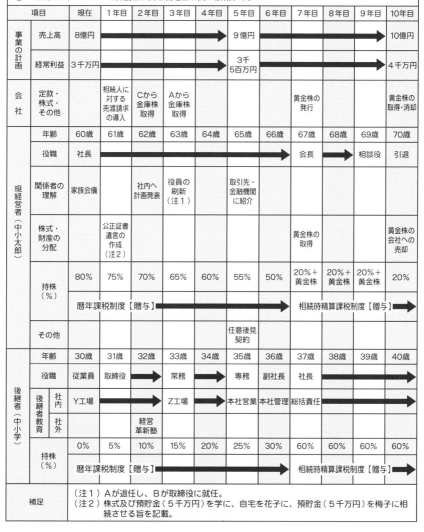

会社の永続的繁栄を決意する必要性があります。ぜひいろいろなことを学び，実践してよい経営を行いステークホルダーに喜んでもらえるような経営者になっていただきたいと思います。

参考文献

公益法人移行成功のシナリオ（中央経済社）
社会福祉法人の不正防止・内部統制・監査（清文社）
医療法人・社会福祉法人の内部統制ハンドブック（中央経済社）
星野リゾートの教科書　サービスと利益両立の法則（日経BP社）
アメーバ経営学─理論と実証─（丸善）
Naofumi Maeda：Works on Paper 1988-2005（ピクニック／シンクデータ）
公益法人改革の深い闇（宝島社）
社会福祉法人の不正防止・内部統制・監査（清文社）
社会福祉法人の会計実務（TKC出版）
会社成長のセオリー（致知出版社）
社長，経営はぜんぶ「逆算」でやりましょう（あさ出版）
社長の教科書（ダイヤモンド社）
社会福祉法人制度改革の施行に向けた全国担当者説明会資料（平成28年7月8日）（厚生労働省社会・援護局福祉基盤課）
社会福祉法人制度改革の施行に向けた留意事項について（厚生労働省社会・援護局福祉基盤課）
「社会福祉法人制度改革の施行に向けた留意事項について」に関するFAQについて（厚生労働省社会・援護局福祉基盤課）
社会福祉法人制度改革に関するFAQ（社会福祉法人制度改革の施行に向けたブロック別担当者会議）
「社会福祉充実計画」の策定と地域協議会の運営について（素案）（厚生労働省　第18回社会保障審議会福祉部会）
「社会福祉充実残額」の有効活用について（素案）（厚生労働省　第18回社会保障審議会福祉部会）
社会福祉法等の一部を改正する法律の施行に伴う主な政省令事項について（案）（厚生労働省　第19回社会保障審議会福祉部会）
「社会福祉充実残額」及び「社会福祉充実計画」について（厚生労働省　第19回社会保障審議会福祉部会）
今後の社会福祉法人改革の施行スケジュール等について（厚生労働省　第19回社会保障審議会福祉部会）
「控除対象財産」について（厚生労働省　第5回社会福祉法人の財務規律の向上に係る検討会）
「社会福祉充実計画」について（厚生労働省　第5回社会福祉法人の財務規律の向上に係る検討会）
「社会福祉法人制度改革の施行に向けた留意事項について（経営組織の見直しについて）」の改訂について（厚生労働省社会・援護局福祉基盤課）
「『社会福祉法人制度改革の施行に向けた留意事項について』に関するFAQ」の改訂について，「社会福祉法人制度改革の施行に向けた留意事項について」等に関するQ&A（厚生労働省社会・援護局福祉基盤課）
社会福祉充実計画の承認等に係る事務処理基準（厚生労働省社会・援護局福祉基盤課）
社会福祉法人制度改革の施行に向けた全国担当者説明会資料（平成28年11月28日）（厚生労働省社会・援護局福祉基盤課）

あとがき

　ガバナンスの強化，財務規律の強化などを目的とした新しい社会福祉法が平成29年４月１日に本格的に施行されます。
　財務規律の強化のための施策については種々ありますが，そのひとつとして，内部留保の明確化と社会福祉充実残額の社会福祉事業等への計画的な投資があります。そのための手段として，社会福祉充実残額がある社会福祉法人については，社会福祉充実残額を財源として社会福祉充実計画を策定し，社会福祉充実事業を実施しなければならないこととなりました。

　本書は，この社会福祉充実計画について執筆したものです。執筆にあたっては，社会福祉法，同法施行令，厚生労働省から発出された関係通知や事務連絡などを基礎としていますが，単に制度内容の説明を行うだけではなく，具体的な対応策を記載いたしました。また，オリジナルの図表も掲載し，読みやすくなるよう心がけました。これらの点が本書の特徴です。
　さらに，原則５か年度以内の範囲で実施される社会福祉充実計画においては，その前提として中長期計画の策定が不可欠です。そこで，第４章では中長期計画の策定方法をはじめとした事業経営のポイントも記載いたしました。

　本書を執筆するにあたっては，私のみならず，平安監査法人並びに総合経営グループの関係者による多大な協力がありました。この場を借りて感謝申し上げます。
　最後になりましたが，本書が，社会福祉法人の関係者，社会福祉に関心を持っておられる方々，公認会計士，税理士の方々の一助になれば幸いです。

さらに，本書が，我が国の福祉サービスの向上・充実に貢献できましたら，これほどうれしいことはございません。

　平成29年2月2日

烏丸御池にて
平安監査法人代表社員
公認会計士・税理士
森　智幸

[著者紹介]

西川　吉典（にしかわ　よしのり）　公認会計士・税理士

昭和47年　京都生まれ
平成7年　同志社大学工学部機械工学科卒業
平成7年　機械メーカーに入社
平成16年　公認会計士試験2次試験合格
　　　　　中央青山監査法人（現京都監査法人）京都事務所入所
平成21年　西川吉典公認会計士事務所設立
平成22年　総合経営株式会社　取締役就任
平成28年　平安監査法人　CEO　代表社員就任　現在に至る
【役職など】
京都府府民生活部　会計検査員（平成21年度・22年度）
滋賀県特定非営利活動法人指定委員会委員
営利法人・公益法人・学校法人等の役員を多数歴任
日本公認会計士　経営研究調査会　再生支援専門部会員
日本公認会計士協会公会計協議会社会保障部会会員
【著書】
『公益法人移行成功のシナリオ』（中央経済社）
『地域金融機関と会計人の連携－中堅・中小企業の創業・成長・事業承継・再生支援バイブル』（金融財政事情研究会）
【セミナー】
PCA会計主催「知っておきたい！公益法人の立入検査対策とあるべきガバナンス」
近畿税理士会主催「業務に役立つ中小企業再生の基礎知識」
日本公認会計士協会主催「公益法人への移行を成功させるためのポイント」
滋賀県民活動生活課主催「NPO法人の会計基準」
滋賀銀行・南都銀行・京都信用保証協会主催「オーナー経営者のための事業承継と資産承継」
「中堅・中小企業のコーポレートガバナンス」（平成28年4月・5月（京都市，名古屋市））
「オーナー経営者のための『事業承継・資産承継』～株式評価・事業承継スキーム・納税猶予制度～（平成28年10月（京都市））

長谷川　真也（はせがわ　しんや）　公認会計士・税理士

昭和59年　京都生まれ
平成20年　関西学院大学商学部卒業
平成20年　監査法人トーマツ（現有限責任監査法人トーマツ）東京事務所入所
平成24年　公認会計士登録
平成27年　税理士法人総合経営入所
　　　　　長谷川公認会計士事務所開設
　　　　　税理士法人総合経営一宮事務所　所長就任

平成28年　TGS株式会社設立　代表取締役社長就任
平成28年　平安監査法人代表社員就任　現在に至る
【役職など】
日本公認会計士協会公会計協議会社会保障部会会員
日本公認会計士協会東海会経営業務委員会委員
日本公認会計士協会東海会税務業務委員会委員
【セミナー】
「マイナンバー制度の概要」～制度のポイント解説～（平成27年（名古屋市，京都市，奈良市など））
「社会福祉法人の会計と実践的監査対応」（平成28年2月（京都市，名古屋市））
「先行き不透明な時代のM&A戦略」（平成28年4～5月（京都市，名古屋市））
「最新情報に基づく「知っておくべきガバナンスと定款作成のポイント」」（平成28年9月（名古屋市））
事業承継セミナー「後継者の立場からの心構え～学びからの実践～」（平成28年11月（京都市））
「社会福祉法新政省令を中心とした新制度の解説」（平成28年11月（名古屋市））
尾西信用金庫職員向勉強会講師

森　智幸（もり　ともゆき）　公認会計士・税理士

昭和46年　東京生まれ
平成8年　慶應義塾大学商学部商学科卒業
平成14年　公認会計士・税理士井堂信純事務所入所
平成17年　株式会社太陽コンサルティング入社
平成18年　アクティブ監査法人（のちアクティブ有限責任監査法人，宙有限責任監査法人に改称）に出向
平成19年　アクティブ監査法人入所
　　　　　金融商品取引法監査，会社法監査，アメリカ合衆国への往査などに従事する
平成26年　長谷川公認会計士事務所入所
平成28年　平安監査法人　社員就任
同年10月　代表社員就任　現在に至る
【役職など】
日本公認会計士協会公会計協議会社会保障部会会員
株式会社の監査役など歴任
【セミナー】
「公益法人会計～誤りやすい会計処理とその対策～」（平成26年7月（京都市））
「社会福祉法人が構築すべき内部統制」（平成27年11月～12月（京都市，名古屋市））
平安監査法人設立記念セミナー　「どこよりも早い！社会福祉法改正の重要ポイント」（平成28年4月（京都市））
「最新情報に基づく「知っておくべきガバナンスと定款作成のポイント」」（平成28年9月（京都市，大阪市，神戸市，奈良市，彦根市））
「社会福祉法新政省令（案）を中心とした新制度の解説」（平成28年10月（京都市，大

阪市，神戸市，奈良市，彦根市））

[監修者紹介]

長谷川　佐喜男（はせがわ　さきお）公認会計士・税理士

昭和26年	京都生まれ
昭和50年	関西学院大学商学部卒業
昭和54年	昭和監査法人（現新日本有限責任監査法人）大阪事務所入所
昭和59年	長谷川公認会計士事務所設立
平成25年	公認会計士功労により黄綬褒章受賞
平成28年	平安監査法人設立　社員就任　現在に至る
現在	税理士法人総合経営・総合経営株式会社・新公益支援コンサルタンツ株式会社・財産コンサルタンツ株式会社・株式会社M&Aパートナーズ　各代表を務める。

【役職など】
元日本公認会計士協会京滋会会長（平成19年～平成22年）
元日本公認会計士協会　本部理事（平成16年～平成22年）
元日本FP協会　CFP®認定試験委員（相続・事業承継）
【著書】
『株式鑑定評価マニュアルの解説』（商事法務）
『ベンチャー企業等創業支援マニュアル』（日本公認会計士協会編）
『オーナー経営者のためのM&Aガイドブック』（中央経済社）
『ITベンチャー成功のシナリオ』（中央経済社）
『よくわかる経営シリーズ－相続・事業承継・組織再編等－』（非売品）
『地域金融機関と会計人の連携－中堅・中小企業の創業・成長・事業承継・再生支援バイブル』（金融財政事情研究会）
【セミナー】
地域金融機関での研修・セミナーなど多数

執筆者・執筆協力者・監修
≪執筆者≫
1章～3章　森智幸
4章　　　　長谷川真也，西川吉典
≪監修≫
長谷川佐喜男，西川吉典
≪執筆協力者≫
武村治寿，藤本慎司，渡邉敬之，豊田賀津子，豊田真奈（税理士法人総合経営）
土山知子，藤井聖子（平安監査法人）

＜平安監査法人＞

≪所在地等≫
【本部・京都事務所】
〒604-0847　京都市中京区烏丸通二条下ル秋野々町529番地　ヒロセビル８階
URL：http://www.sogokeiei.co.jp/service/heian/heian.html
【東海事務所】
〒491-0858　愛知県一宮市栄4-1-5　エースリービル3F
【神戸事務所】
〒651-0087　兵庫県神戸市中央区御幸通８丁目１番６号　神戸国際会館17階

≪社員構成≫
CEO　代表社員　　西川吉典（公認会計士・税理士）
代表社員　　　　長谷川真也（公認会計士・税理士，東海事務所所長）
代表社員　　　　森　智幸（公認会計士・税理士）
社員　　　　　　長谷川佐喜男（公認会計士・税理士，総合経営グループ代表）
社員　　　　　　近江清秀（公認会計士・税理士）

≪業務内容・実績≫
社会福祉法人監査，医療法人監査，学校法人監査，公益法人監査，社会福祉法人向けアドバイザリー，医療法人向けアドバイザリー，内部統制構築支援アドバイザリー，M&Aアドバイザリーなどの実績多数

≪所属団体≫
日本公認会計士協会
日本公認会計士協会京滋会
日本公認会計士協会公会計協議会社会保障部会
日本公認会計士協会中小監査事務所連絡協議会

≪総合経営グループについて≫
昭和59年創業，母体は公認会計士事務所・税理士法人。中堅中小企業への経営指導を皮切りに相続・贈与，資産運用・不動産有効活用，M&A，非営利法人運営指導，労務管理等の各種コンサルティング会社を設立。
URL：http://www.sogokeiei.co.jp/

本書の内容については以下にお問い合わせください。
弊法人の公認会計士並びに総合経営グループの税理士，コンサルタントがお答えいたします。
（京都）電話　075-211-7550　FAX　075-256-1231
　　　　メール　info@sogokeiei.co.jp
（東海）電話　0586-82-1690　FAX　0586-64-8103
　　　　メール　info-1@sogokeiei.co.jp

総合経営グループ
社会福祉法人向け運営支援業務内容

1 財務諸表監査
・社会福祉法に基づく法定監査
・任意監査
・特別目的の財務諸表監査
・個別の財務表や財務諸表項目等の監査

2 社会福祉充実計画に対する意見表明
・事業費及び社会福祉充実残額に対する公認会計士・税理士による意見表明

3 財務諸表及び内部統制関連アドバイザリー業務
・平成29年度貸借対照表の期首残高チェック
・社会福祉充実計画のチェック
・会計上の見積り（減損会計，退職給付会計，金融商品会計など）や注記等の財務諸表作成支援
・関連当事者の把握・開示の支援
・財務諸表分析
・適正な財務諸表を作成するための内部統制構築支援（整備・運用）
・従業員不正を防止するための内部統制構築支援

4 ガバナンスに関するアドバイザリー業務
・定款作成支援
・監事（財務管理について識見を有する者）への就任
・機関運営支援（例：年間スケジュール，みなし決議の書面ひな形，招集通知）
・登記支援（業務は司法書士に委託）
・評議員，理事　親族等規制の確認（3親等チェックシート，調査票）
・規程策定支援
・経営計画の策定
・経営改善の支援
・管理会計（部門別採算制度，KPI等）の導入支援
・所轄庁の監査対応支援
・理事会，評議員会，経営会議等への出席・運営支援

5 税務代理・アドバイザリー業務（税理士法人総合経営）
・税務申告書の作成，提出
・寄附，遺贈の募集に関する支援
・消費税の課税区分の判断に関する支援
・源泉所得税に関する相談・年末調整
・セカンドオピニオン
・タックスプランニングの作成
・組織再編についての支援
・その他の税務相談

6 労務アドバイザリー業務（社会保険労務士事務所総合経営）
・賃金制度の現状分析と新制度導入支援
・就業規則をはじめとした労務に関する規程の作成支援
・労働保険に関する書類の作成支援
・社会保険，労働保険に関する相談対応
・退職に係る業務に関する相談対応
・給与計算ソフトの導入支援

7 アウトソーシング業務（税理士法人総合経営・社会保険労務士事務所総合経営）
・記帳代行業務
・月次決算業務
・決算書・予算書作成業務
・給与計算・社会保険業務

「社会福祉充実計画」の作成ガイド
──計画を成功に導く事業経営のポイント

2017年3月30日　第1版第1刷発行
2017年7月25日　第1版第2刷発行

編　者	平　安　監　査　法　人
	西　川　吉　典
著　者	森　　　智　幸
	長　谷　川　真　也
発行者	山　本　　　継
発行所	㈱中央経済社
発売元	㈱中央経済グループ パブリッシング

〒101-0051　東京都千代田区神田神保町1-31-2
電話　03（3293）3371（編集代表）
　　　03（3293）3381（営業代表）
http://www.chuokeizai.co.jp/
印刷／文唱堂印刷㈱
製本／㈲井上製本所

© 2017
Printed in Japan

＊頁の「欠落」や「順序違い」などがありましたらお取り替えいたしますので発売元までご送付ください。（送料小社負担）
ISBN978-4-502-22081-4　C3034

JCOPY〈出版者著作権管理機構委託出版物〉本書を無断で複写複製（コピー）することは，著作権法上の例外を除き，禁じられています。本書をコピーされる場合は事前に出版者著作権管理機構（JCOPY）の許諾を受けてください。
JCOPY〈http://www.jcopy.or.jp　eメール：info@jcopy.or.jp　電話：03-3513-6969〉

●学校法人関連書籍ラインナップ●

学校会計入門〈改訂第7版〉

齋藤 力夫編著

知事所轄法人はいよいよ平成29年3月期から新会計基準が適用になる。新しい文部科学省通知や会計士協会実務指針等の内容をフォローした、これからの学校経営に必備の1冊。

学校法人会計の実務ガイド〈第6版〉

あずさ監査法人編

学校法人の各種計算書類の作成法、開示・監査制度を解説。第6版では27年4月施行の改正学校法人会計基準を織り込み、さらに新章「決算書の見方」を追加。

●中央経済社●

●医療法人関連書籍ラインナップ●

医療法人制度の実務Q＆A
―設立・運営・承継・再編の法務・会計・税務

税理士法人山田＆パートナーズ編

医療法人制度にまつわる設立・運営から承継・再編・組織変更に至るまでの法務・会計、税務上の取扱いを100問のQ＆Aで解説。医療法改正の最新内容をフォロー。

医療法人・社会福祉法人の内部統制ハンドブック

中村　彰吾監修
東日本税理士法人グループ編

平成27年改正医療法及び平成28年改正社会福祉法等に基づき、組織・運営に係る最新の内部統制をQ＆Aで解説。格付取得、税務調査やマイナンバー等、関連実務もわかる！

●中央経済社●

●社会福祉法人関連書籍ラインナップ●

社会福祉法人会計の実務ガイド〈第2版〉

あずさ監査法人編

平成28年社会福祉法改正で、ますます会計の重要性が高まっている。省令となった社会福祉法人会計基準を平易に解説するとともに、内部統制のチェックポイントも示す。

どうなる！？どうする！？
社会福祉法人の運営とリスク管理

外岡 潤著

改正社会福祉法施行により、社会福祉法人とその役員にはリスクマネジメントが不可欠に。介護特化弁護士が解説する「現場ですべきこと」とは？新しく評議員になった方は必読！

●中央経済社●